sapientia
サピエンティア 51

イスラエル内パレスチナ人

Palestinians in Israel: Segregation, Discrimination and Democracy

隔離・差別・民主主義

ベン・ホワイト［著］
脇浜義明［訳］

法政大学出版局

本書をアミール、ジャナン、ヒンド、フーダに捧げる

独房の窓の外から
木々が私に微笑みかける
家々の屋根には同胞たちがいっぱい
どの窓にも同胞たち、涙を流して祈っている
私のために。
独房の外も、やはり監獄
君たちが封じ込められているずっと大きな監獄だ。

サミー・アル・カシム（訳註）
「看守との議論の終わりに」

مِن كوّة زنزانتي الصُّغرى
أبصرُ أشجاراً تَبسمُ لي
وسطوحاً يملأها أهلي
ونوافذَ تبكي وتصلي
من أجلي
من كُوّةِ زنزانتي الصغرى
أبصرُ زنزانتَكَ الكُبرى

سميح القاسم

（訳註）1939生まれ。ドルーズ教徒家族出身のイスラエル内パレスチナ人民族詩人、ジャーナリスト。彼の一家は1948年のナクバのとき故郷を逃れなかった。1967年イスラエル共産党ハダシュへ入党。現在ハイファでジャーナリストとして活躍。

イスラエル内パレスチナ人――隔離・差別・民主主義◉目次

凡　例

一　本書はBen White: *Palestinians in Israel: Segregation, Discrimination and Democracy*, Pluto Press, 2011の全訳である。
二　『　』は原書の書名イタリック。
三　「　」は原書の引用符。
四　（　）［　］は原書に準じる。
五　〔　〕は訳者による補足。
六　原註は番号（1、2、3……）を付し各章末にまとめた。
七　訳註は番号（訳註1、訳註2、訳註3……）を付し各章末にまとめた。

イスラエル内パレスチナ人——隔離・差別・民主主義

謝辞

本を出版するときはたいていそうだが、感謝を捧げたい人の数が非常に多い。ミスや健忘で漏れている人があるかもしれないことを、まずご容赦願いたい。

第一に、本書執筆中、忍耐強く私を支えてくれた妻アマンダに感謝する。アマンダ、君と、私たちの二人の美しい子どもたち、イザベラとダニエルのおかげで、本書を執筆することができた。言うまでもないが、変わらぬ愛情で私を支え続けてくれたファミリーのみんなにも、ありがとう！　と言いたい。

第二に、プルート・プレスのロジャー・ヴァン・ズワネンバーグと全社員に、私を励まし、厄介な作業をやって頂いたことで、感謝する。ポール、ナディア、エイサ、君たちがわざわざ自分の貴重な時間をさいて有用なフィードバックを与えてくれたことに、感謝する。とりわけナディアとイスラエル内アラブ人マイノリティ人権法律センター「アダラー〔正義〕」のスタッフは、積極的に協力してくれ、貴重なアドバイスをくれた。

その他、意識的、あるいは無意識の場合もあるが、私を助け、私を勇気づけ、本書の内容深化や方向付けに貢献してくれた人々がたくさんいる。順不同になるが、感謝したい人々を列挙する。クネセト〔イスラエル国会〕議員ハニーン・ゾアビ、イスラエル・パレスチナの空間的未来を批判的に論評するオンライン・メディア「arenaofspeculation.org」のアーマド・バークレーとディナー・カッドゥミ、マールキート・ショシャン、マタン・コーエン、イラン・パペ、イザベル・ハンフリーズ、オレン・イフタヘル、中東レポート社のクリス・トゥーンシング、中東モニター社のハナーン・シェハタ、NGO「アモス・トラスト」のガース・ヒューイット師と同団体のスタッフ、オルナ・コーン、スハド・ビシャラ、ソーサン・ザヘル、ギャビー・ラビン、ジョナサン・クック、ハッサン・ジャバリーン、バディル、HRA〔アラブ人権協会〕のムハンマド・ゼイダン、ネゲヴの非公認ベドウィン族村を守る地域委員会のスリマン・アブ＝アベイドとイラ・ラーナン、エサムとその家族、バッサム、リヤ・アル＝サナ、ヒンド・アワード、マンスール・ヌサスラ、JVP〔平和を求めるユダヤ人の声〕のレベッカ・ヴィルコマーソン、アンディ・スローター英国会議員、ジョン・マクドネル英国会議員、カルマ・ナブルシ、アサド・アブ・ハリール、アリ・アブニーマ、ヨナタン・シャピーラ、オマール・バルグーチ、サミ・アワードと彼が会長を務めるパレスチナの聖地トラスト〔HLT〕、ウィリアム・ダルリムプル、マックス・ブルーメンタール、アハダーフ・スーイフ。

最後に、私がこれまで出会って、協力しあい、ともに楽しいときを過ごせた、英国やカナダや米国の活動家や運動支援者たち――とりわけ学生たち――に、称賛と感謝と愛を捧げたい。あなた方のエネルギーと情熱と明晰なビジョンが常に私を奮起させ、励ましてくれたのです。

序文（ハニーン・ゾアビ[訳註1]）

ベン・ホワイトは序章を加えた七章にわたる洞察力に富んだ分析の中で、現在支配的なパラダイム、つまり占領を軸としてイスラエル・パレスチナ紛争を見るレンズからのパラダイム・シフトを提起している。そのような従来の考え方や方法からの変化は、ポスト・オスロ時代を支配してきた政治的諸前提や公理に劇的な変化をもたらし、非常に重要なことだが、本来のパレスチナ問題の姿、歴史的および人道的ルーツへの回帰が起きると、彼は考えているのだ。

パレスチナ人は誰でも、いちいち口に出さなくても、排他的な純粋民族主義に立脚する人種差別的入植事業との争いこそが、イスラエル・パレスチナ関係の主要な一面であることを、熟知している。その関係とは、この地の先住民族である我々と、その我々といっしょに住もうとか、隣国として共存しようとかという発想を持たず、さらにこの地の前史をまったく認めようともしないで、むしろ（あらゆる意味合いにおいて）我々を追い出して取って代わろうとしてやってきた者たちとの関係であることを、我々パレスチナ人はすぐに見抜いていた。

だから、パラダイム・シフトというより、オスロ合意の少なくとも一〇年前のパレスチナ民族解放運動の原則であった昔のパラダイムへ戻ることが、問題の核心なのだ。私はこの「古くて新しいパラダイム」を、より大きなパレスチナの政治的プロジェクトの一部として復活させることを綱領にする政党の党員である。このプロジェクトは、ディアスポラのパレスチナ人――以前は彼らがパレスチナ民族運動の中心であった――が運動として掲げていたが、やがて第一次インティファーダを経て、彼らは西岸地区とガザ回廊へ移り、一方プロジェクトの精神は、パレスチナ民族運動の周辺部、あるいはその外側に位置すると見做されていたグループ、即ち一九四八年にイスラエルが追い出せなかったパレスチナ人が担うことになった。

一九八二年のパレスチナ解放機構（PLO）レバノン追放以降にパレスチナ民族プロジェクト内部で徐々に進んでいた運動の落ち込みの成れの果てが、オスロ合意であった。それに伴って歴史の書き換えとパレスチナ問題の再定義が行われた。オスロ合意前のパレスチナ問題は、ディアスポラのパレスチナ人とホームランド（一九四八年と一九六七年の領土）のパレスチナ人を解放することであった。またそれはパレスチナ人とユダヤ人両者に対する民主主義的解決をも提起していた（従って、また、従来からパレスチナに住んでいたユダヤ人を（訳註2）、彼らもその一部である人種主義的プロジェクトから解放することも課題の一つであった）。

ポスト・オスロ合意期に入ると、パレスチナ問題は一九六七年に占領された地（西岸地区とガザ回廊）に国家を樹立することに収斂され、一九四八年に占領されたパレスチナの地に建国し、パレスチナ人の一部を含むユダヤ人国には手を触れないままになった。それはシオニズム穏健派とパレスチナ人の最低次元の願望との結合の結果である。オスロ・ビジョンによれば被害者も加害者もいないので、占領への抵抗は単なる暴力で、正当なものと認められないのだ。占領は人道主義と人間の尊厳への酷い侵害であって、それへの抵抗は基本的人権の正当な行使であるにもかかわらず、そのような国際人権主義的原則の視点から見られないのである。

しかし、オスロ合意はそれに対するアンチテーゼをも生み出した。そのアンチテーゼは、パレスチナ問題をシオニズム・プロジェクト（それは一九六七年戦争後の占領で始まったのではない。一九六七年後の占領地ばかりでなく全パレスチナ人、いや、もっと広く、アラブ世界全体に関わる問題である）との対決であると再定義する政治的プロジェクトの形で現れた。興味深いのは、オスロへのアンチテーゼは、まさにオスロが排除した層――イスラエル内パレスチナ人――から生まれたことだ。

「占領パラダイム」はイスラエル内パレスチナ人問題をイスラエルの内部問題として片づける。それに対してイスラエル内パレスチナ人は、自分たちをパレスチナ民族に再統合し、自分たちを、闘いと解決の両面において、パレスチナ問題の不可欠な部分だと位置づける民族プロジェクトを再構築した。

この方向転換ともいえる再構築を、イスラエル内パレスチナ人は、自分たちを直接生み出している――そして歴史的に最初に生み出した――シオニズム・プロジェクトとの対決を再生することによってのみ、成し遂げることができた。皮肉なことではあるが、彼らがイスラエル国籍を持つが故にそれが可能だった。彼らは、自分たちに形だけにせよ付与された民主主義的市民権とシオニズムとの間の矛盾を突いて、自分たちの民族的プロジェクトを再構築した。

パレスチナの民族運動（ＰＬＯ）がパレスチナ解放という大義を放棄しようとしているように見える現在、その投げ捨てられたバトンを拾い上げ、それを継承したのが、イスラエル内パレスチナ人であった。イスラエル国民という脈絡の中で五〇年間政治的実験を積んできた彼らは、「民主主義」と呼ばれるものを求める闘い、あるいは「追放された人々」をも含むすべての国民の完全平等を求める、かなり複雑な要求を重ねる過程で、本来的に自分たちに備わっている力を得たのである。先住民のとしての要求、及び「完全な国民的権利」の要求という、当たり前の要求を提示するだけで、シオニズム・プロジェクト自体の倫理的・政治的正当性が欺瞞であることを暴露するのに十分であった。シオニズムの本当の姿、人種差別主義的で植民地主義的冒険という、その本質を明らかにした。

「すべての国民のための国」という要求は、イスラエル内パレスチナ人を、シオニズム・プロジェクトが典型的に示す「ユダヤ人国家」という政治的伝統・慣行と正面対決する位置に置くことになる。「すべての国民のための国」という発想は、イスラエル国がユダヤ－シオニスト的価値を民主主義的価値よりも優先させてきたこと、そして両者が両立しないことを認めざるを得ない窮地へと追い込むものだ。（訳註3）

ネタニヤフはイスラエルが「中東地域で唯一の民主主義国」だと吹聴し、「イスラエル内パレスチナ人国民も民主主義的権利を享受している」と宣言して、何も知らない外国の議会で拍手喝采を浴びた。（訳註4）ところが、我々パレスチナ人に面と向かって言う言葉は、「イスラエルはユダヤ人国家」で、多くの法律がそれを証明している、である。だからパレスチナ人は米議員のように拍手しないし、ネタニヤフもそんなことを期待していない。

外国の議会で何と言おうと、イスラエルのユダヤ化を推進する関連法律が次々と成立し、ユダヤ主義化政策があらゆる分野でエスカレートしているのは厳然たる事実（本書第三章を参照されたい）で、イスラエルの正体を明確に物語っている。いくら民主主義とシオニズムの間の矛盾を認めなくても、いくら民主主義よりもシオニズムを優先していることを否定しても、事実が厳然と物語っているのだ。

本書の優れた点は、書かれた内容はいうまでもないが、それを世に出したタイミングにもある。ファシズム政策を得意げに執拗にとり続ける政治文化が一段と新しい次元に上がったときに、本書が出版された。イスラエルは――法務長官の認可のもとで――国家のユダヤ的性格に逆らう者は、例えそれを合法的方法で行う者でも、攻撃の対象となることを宣言したのだ。今やイスラエルは自らの法（例えば二〇〇七年のオルメルト内閣のときのような）(訳註5)に違反する抑圧的政策を実施し、そういう事実を先行させた後に、それを合法化するように法を変えた（例えば二〇一〇年のネタニヤフ／リーベルマン内閣のように）(訳註6)。

著者ベン・ホワイトが、深い洞察力と専門的知識と高い倫理的姿勢で描いているのは、我々のパレスチナ解放運動の本質である。彼は、正義こそがパレスチナで起きていることを理解し、我々パレスチナ人の政治的プラットフォームを促進するための、原則的なレンズであるという解釈を提起している。

二〇一一年八月

註

（訳註1）一九六九年生まれのイスラエル内パレスチナ人女性政治家。スンニ派。二〇〇一年バラドに入党し、二〇〇九年クネセト（国会）議員に初当選。二〇一二年ガザ自由船団に参加したり、イスラエル国歌演奏のとき国会を抗議退出したり、イランが核兵器を持つことを「核保有国イスラエルとのバランス」を保つためだとして支持を表明したりしたことから、被選挙権や市民権剝奪の弾圧を受けたが、裁判で跳ね返した。極右がゾアビを暗殺すれば報奨金を出すという広告を出した。

（訳註2）「そもそも、パレスチナの住民を『ユダヤ人』と『非ユダヤ人』に二分する考え方はヨーロッパから持ち込まれたものなのだ。現地の人々が『アラブ人』という場合は、ムスリム、キリスト教徒だけでなく、ユダヤ教徒もふくんでいた」奈良本英佑著『君はパレスチナ

を知っているか』ほるぷ出版、一九九七、六一頁。

（訳註3）イスラエルは自国を「ユダヤ的かつ民主主義的国家」（Jewish and Democratic Nation）という形容矛盾で規定する。平和団体グーシュ・シャロームのウリ・アヴネリは、「ユダヤ的かつ人口統計ばかり気にする国」（Jewish and demographic Nation）と皮肉っている。

（訳註4）二〇一一年五月二十五日米議会での演説。他に、一九六七年の国境に退却する意志はない、ハマスはテロリスト集団である、和平が実現しないのはアッバスがイスラエルをユダヤ人国家と認めないからである、などと言って、拍手を浴びた。

（訳註5）二〇〇七年のアナポリス会議で、オルメルトはパレスチナ自治政府（ＰＡ）との間に「平和のためのロードマップ」と二国共存解決方針を確認し合った。

（訳註6）二〇〇九年ネタニヤフが政権復帰、極右政党「イスラエルわが家」のリーベルマンが外相となり、オルメルトのアナポリス会議を否定、パレスチナ国家樹立を承認しない方針に変えた。リーベルマンはアラブ系住民がユダヤ国家に忠誠を誓わないと市民権を付与しないとする「忠誠法案」を提起したが、否決された。また国内の人権団体の資金源調査を可能にする法案を提起、これは可決された。彼はロシア移民で、ロシア移民を票田にしている。党員に「ハイル、リーベルマン！」とナチ党式の敬礼挨拶をさせるなど、「民主主義の死を告げるもの」として内外から批判されている。

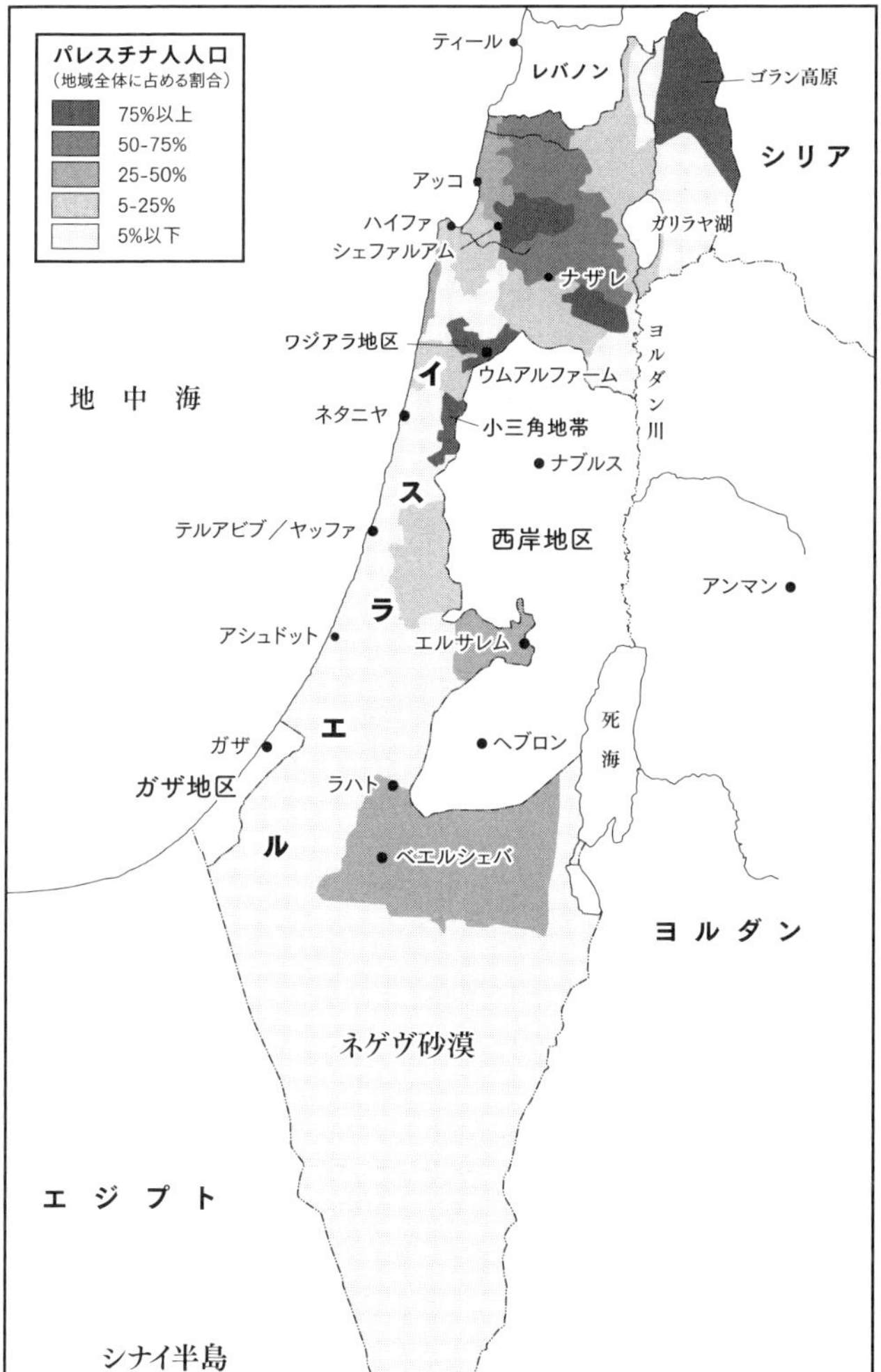

パレスチナ人人口
（地域全体に占める割合）
75%以上
50-75%
25-50%
5-25%
5%以下
ティール
レバノン
ゴラン高原
シリア
アッコ
ハイファ
シェファルアム
ガリラヤ湖
ナザレ
ワジアラ地区
ウムアルファーム
ヨルダン川
地中海
イ
ネタニヤ
小三角地帯
ナブルス
ス
テルアビブ／ヤッファ
西岸地区
アンマン
ラ
アシュドット
エルサレム
エ
死海
ガザ
ヘブロン
ガザ地区
ラハト
ル
ベエルシェバ
ヨルダン
ネゲヴ砂漠
エジプト
シナイ半島
0
50 kms
0
30 miles
アカバ湾

序章

過去は眼前に、
現在は内部に、
未来は背中に背負う
我々は
さながら「二〇の不可能のような」存在
リッダでも、ラムラでも、ガリラヤでも同じ
しかし、生活の根はしっかり張っている
しかも、どんどん地中深く食い込んでいく

タウフィーク・ザヤード（訳註1）
『われらはここに住み続ける（1）』より

焦点――イスラエル内パレスチナ人国民

何十年もの間、イスラエルは「中東で唯一の民主主義国」というのが、西側世界の社会通念であった。イスラエルは「我々の仲間」、過激な宗教勢力が猛威を振るう政治的に不安定な地域の中で、唯一西洋的価値観が通用する国だという言説が、西側社会の政治家、ジャーナリスト、研究者、および一般大衆の間で流通してきた。二〇一〇年～一一年に中東地域を席巻したアラブの春や、それ以前にあったイラク侵攻・占領という西側による「民主主義化使命」が試みられた後でも、イスラエルの地域的特異性――リベラルな議会制民主主義国――という見方は揺るがなかった。バラク・オバマ大統領が、イスラエルを「野蛮な近隣諸国」に囲まれた「小国」と言ったが、それは政治的シオニズムの父テオドール・ヘルツルが一八九六年に、パレスチナのユダヤ人国は「野蛮に対する文明の前哨地」となるであろうと書いた(訳註2)のと、内容的にまったく同じことである。(2)

最近になって、イスラエルの政策に対する批判が、ようやく、とりわけヨーロッパで高まった。西側の主流政治家がようやくイスラエルのやり方に疑問を表明するようになったが、それは主に西岸地区やガザ回廊、つまり一九六七年戦争で占領した地域でのイスラエルの行動に対してである。とはいえ、イスラエルが民主主義原則と国民の安全を守る必要性を何とか結合させることに苦労していることは理解できないことはない、という付言つきであるが。

市民運動レベルでは、パレスチナ占領地（ＯＰＴ）の軍事支配や植民地的支配を、旧南アフリカのアパルトヘイト的視点から、あるいは不法入植の視点から非難する声が、かなり大きくなっている。過剰な軍事行動の批判にせよ、ユダヤ人入植地建設・拡大の非難にせよ、そういう西側のイスラエル批判は、パレスチナ国家の建設予定地である西岸地区やガザ回廊にユダヤ人入植地を建設するのは無分別であり、不法であるという前提に立っている。

公式「和平交渉」〔peace process〕という枠組みの中で、イスラエル指導者たち――とりわけベンヤミン・ネタニヤフ首相――は、パレスチナ人がイスラエルを「ユダヤ人国家」として「認める」ことが和平の必要条件だと強調してきた。これはイスラエルの妨害戦術だと見られてきたが、それ以上のものが働いていると見るべきだろう。それはイスラエル国の政治体制を構成するものの中にある深刻な危機を反映するものだ――その危機の嵐の中心にあるのが、イスラエル国民の二〇％、すなわちイスラエル内パレスチナ人である。

和平交渉が滞り、どうやら不可逆的な失敗に終わりそうな状況と並行して、イスラエルの治安政治体制は、パレスチナ人マイノリティ国民を標的とする弾圧・抑圧政策を強化しているのだ。

このイスラエル第二級国民の経験こそがイスラエル・パレスチナ紛争の本質を理解するための中核であるという事実にもかかわらず、彼らの闘いは公式和平交渉ではほとんど理解されず、まったく無視されているのである。長い間彼らが「イスラエル・アラブ人」〔Israeli Arabs〕とか「イスラエル内アラブ人」〔Arabs in Israel〕と呼ばれてきたことを思うと、(訳註3) 実際、パレスチナ系国民をパレスチナ人として語ることは、混乱を招くように思える。実は、これは意図的に作られた語句なのだ。ヒレル・コーエン教授(訳註4)も「このような新しいイスラエル・アラブ人アイデンティティの創造は国家の戦術的目標の一つであった」と書いている。(3)

「イスラエル内パレスチナ人」というのは、一九四八年イスラエル建国のときに追放とか国民性剝奪を免れた居残りパレスチナ人とその子孫である。何十年にもわたる強制や支配（特に軍事政権下世代の苦しみは特筆に値する）(訳註5)にもかかわらず、これらパレスチナ系国民の多くは、この「ユダヤ的かつ民主主義的国家」の中で彼らの生活を制限する構造的差別や人種差別的法律と闘う決意をますます強めていった。一九七六年の土地没収への抗議から始まった「土地の日」(訳註6)は、影響力の大きいイベントとなった。それに対し、最近では二〇〇〇年十月の抗議行動でイスラエル治安当局によるパレスチナ人殺害があった。これが国家とマイノリティの関係の典型例となっている。

パレスチナ系マイノリティ国民を脅威視するのは、彼らの積極的な政治的抵抗へのイスラエル当局の反応であるが、そればかりではない。それはまた和平交渉とOPT植民地化に関する事態の展開の反映でもある。

一九九〇年代末までにOPTの植民地化と入植地建設はほぼ限界に達していた……換言すると、この一〇年間、イスラエルは入植地拡大よりは、すでに獲得したコロニーの整備・強化に力点を置いた。パレスチナ人に対するアパルトヘイト体制を(文字通り)セメントで固めたのだ。(4)

このように、領土拡大の可能性が限界に達すると、イスラエルの目は内部へ向かった。ガリラヤやネゲヴなど非ユダヤ人民族の多い地区の「ユダヤ化」(第三章参照)、内なる植民地化へ向かったのだ――それは一九四八年戦争の総仕上げと言ってよい。〔訳註7〕言い換えると、囚われの身となっているコミュニティ・リーダーのアミール・マフール〔訳註8〕が言ったように、最近イスラエル当局がパレスチナ系国民を標的とする弾圧をエスカレートしているのは、単に国家の「支配と権力」の誇示ばかりでなく、実は「イスラエルの危機」の表れなのだ。(5)

二〇〇〇年以降クネセト(イスラエル議会)議員たちは、次々と国家主義的・民族差別的法案を提起、成立させてきた。この現象が始まったのは第一五次クネセト(一九九九~二〇〇二年)からだといえるだろう。このクネセトは、「アラブ系国民に関して市民権範囲の引き直しを図り、政治参加、表現の自由、経済的地位、家庭生活などに影響するいくつかの差別的法律を制定した。(6)」

二〇〇八年の後、この傾向がもっと顕著になった。まずエフド・オルメルト政権のもとで、次いでネタニヤフのリクード党とイスラエル・ベイテヌ〔イスラエルわが家〕党が多数派となったクネセトでもっと露骨になった。本書ではその展開を掘り下げて記述するつもりである。ネタニヤフ政権になって数か月も経たないうちに、道路名をすべてアラブ名からヘブライ名に変えることが閣僚会議で提案されたり、パレスチナ人マイノリティが多い地域でアラブ人が「拡散居住」することを止めること、また彼らが子どもたちに「ナクバ」(一九四八年の民族浄化)を教えることを禁止することが決定された。(7)

たとえ、イスラエルによる家屋破壊、「非公認村落」という口実の追い出し、「国家に忠実でない国民」を迫害する政策などの問題に注意が向けられるときでも、イスラエル内パレスチナ人のことは、西岸地区やガザ地区、各地の難民キャンプのパレスチナ人と比較すると、「やはり忘れられている」という現実がある。しかし、この「忘れられている」イスラエル内パレスチナ人に対するイスラエル政府の政策を知ることこそが、この紛争が本質的に何であるかを理解し、さらに行き詰まった現在のパラダイムを変え、ユダヤ人とパレスチナ人に正義と平和をもたらす新しいビジョンの創造に貢献するのだ。

民主主義の否定

しかし、将来に目を向ける前に、過去を見る必要がある。本書の二つの焦点――イスラエルとパレスチナ人マイノリティ国民との関係、および「ユダヤ人的かつ民主主義的国家」が現実に意味すること――は、そもそもの最初から民主主義の否定がシオニストのパレスチナ植民地化の一要素であったことを見ないことには、きちんと理解されないからだ。建国前のシオニズム運動と、それを支えた英国を筆頭とする西洋政権にとって、先住地元民パレスチナ人はユダヤ人より低価値だった。パレスチナ・アラブの権利よりも政治的シオニズムの野心の方を尊重したのだ。

このことは、パレスチナを「無人の地」と見るシオニストの入植モチーフを浮き彫りにする――たとえば、世界シオニスト機構創設者の一人マックス・ノルダウは、一九〇二年に、シオニストが「今日砂漠となっている先祖の地を、額に汗して耕し、昔のように再び花咲く園にすることを望んでいる」と書いたものである。(8) アントン・ラ・ガルディア(訳註9)が書いているように、パレスチナの地を「無人の地」と見たのはアラブ人の存在を知らなかったからでなく、「ヨーロッパ的ショーヴィニズム」の表現であった。

アラブ人の存在を「無視」するのは利己的動機からであった。シオニスト第一次入植時のパレスチナは人のいない地ではなかった。ただ、ヨーロッパ人が、自らの国を統治するに値する人々がいないと見做したにすぎなかった。(9)

パレスチナ人を劣等人種と決めつけたのは、彼らの主張がシオニズムの夢実現の障害とならないようにするためであった。これはシオニスト「過激派」だけの発想ではなかった。「穏健派」と言われる労働運動シオニストの有力メンバーであったアーロン・ダヴィド・ゴルドン(訳註10)は一九二一年に次のように書いた。

それに、これまでパレスチナに住んでいたアラブ人たちが何を創造したというのだ？ここに文明を作り出したのは我々［ユダヤ人］で、聖書創造一つを例にとっても、我々にパレスチナへの恒久的権利があることを物語っているではないか。わが民族の後にこの地へ来た民族は……何一つ創造しなかった。(10)

さらにゴルドンは、「すべてのシオニストがそうであるように……多数者による統治原理を認めなかった」。同じように、イスラエルの初代首相も、一九三七年に調査にやってきたピール委員会(訳註11)に、パレスチナにはユダヤ人以外に「他民族は存在しない――住民がいないと言っているのではない、何か部族の一部も住んでいないと言っているわけではない。

この地を自分たちの郷土と見ることができる、全体として民族とか人種を構成する人々が、ユダヤ人以外に存在しないと言っているのだ」と語った。(11)統治国イギリスの政治家の多くも、ユダヤ人の主張の方をアラブ人の主張よりも優先させるべきだと考えていた。その中には、元植民地担当大臣ウィンストン・チャーチルも含まれていた。彼はピール委員会の席上で次のように発言した。

私は、飼い葉桶に入り込んだ犬(訳註12)が、たとえ長い間そこにいるからといって、飼い葉桶に決定的な権利を持っているとは思わない。そんな権利を認めるわけにはいかない。また、例えば、アメリカのレッド・インディアンとかオーストラリアの黒人に大きな罪悪がなされたという主張についても、私はそれを認めない。彼らより強力な人種、彼らより上等な人種、いずれにしても、こういう言い方が許されるなら、彼らより世慣れた人々がやってきて彼らにとって代わったという事実があるだけで、それが彼らへの罪悪になるという主張は、私は認めない。(12)

一九一七年のバルフォア宣言(訳註13)を書いたアーサー・バルフォア外相はカーゾン卿(訳註14)への手紙

の中で、「善きにしろ悪しきにしろ、正しいにせよ間違いにせよ、シオニズムは長い歴史的伝統、現時代の要請、未来への希望に基づく運動で、現在あの歴史的地域に居住している七〇万人のアラブ人が抱く欲望や偏見よりも、はるかに重要な意味を持っています」と記した。[13] 後にイスラエル初代大統領となったハイム・ワイツマンが、「委任統治国英国政府は、［パレスチナには］数十万人のニグロがいるが彼らには何の価値もない、と我々に語った」と、一九三六年に、ユダヤ機関の幹部アルトゥール・ルッピンに伝えた。英国政府の言葉は驚くようなことではないだろう――ぞっとさせられることに違いはないが。[14]

先住民劣等説の盲信から帰結するのは、パレスチナに民主主義を適用することへの抵抗である。パレスチナでユダヤ人とアラブ人が民主主義的に生活することへの反対である。だから、シオニスト指導層も彼らを支持する西洋列強も、パレスチナで民族自決原理を施行することに公然と反対したのである。一九三五年、英国委任統治領高等弁務官が、統治領内に立法評議会設立を提案したとき、シオニストは「ユダヤ人議席が実際の人口に応じて比例配分されるということを理由に、猛烈にその提案を攻撃した。[15]」それに遡る一九一九年には、ロンドンのシオニスト機構が、民主主義は「民族の多様性、民族の文明度、民族の品格の高さなどを無視して、単純に多数決原理を適用する問題がある」と警告していた[16]。

西側政治家の全部が全部このパレスチナ人の権利を無視することに無批判に追従したわけではなかった。国連のパレスチナ分割決議の後、米国の近東・アフリカ局のロイ・ヘンダーソン局長は、「分割決議は……米合衆国の政治原則に違反していることは明白」と、ジョージ・C・マーシャル国務長官に言った。さらに、次のように付け加えた。

例えば、決議案は民族自決権や多数決などの民主主義原理を無視しています。それどころか、神権政治的・人種主義的国家という原理を肯定し、いくつかの点において、宗教・人種に基づいて、〔ユダヤ人の〕パレスチナ外の人々を差別するものです[17]。

小括

結局、パレスチナのユダヤ人国は、この国家が引いた「国境」内からパレスチナ人の九〇％近くを民族浄化することで、樹立された[18]。一方、パレスチナを分割してアラブ人自治国を作ることに関しては、英国委任統治時代から反対されていたが、それは今でも続いている。イスラエルは一部の民族の国でなく国民全体の国であるべきだという、イスラエル内パレスチナ人の怒りの声の中にも、それが表現されている。また、「イスラエルの地」に権利があるのはユダヤ人だけで、「アラブ人」は(条件付きで)国内に住ませてやっているというイスラエル指導者の図々しい考えの中にも表現されている。さらに、イスラエル国民パレスチナ人であろうとイスラエル軍占領下のパレスチナ人であろうと、パレスチナ人はすべてイスラエル国の支配下にあり、差別と監視の対象としてきた長年のイスラエル政策の中にも、それが表現されている。

そもそもの最初からパレスチナにおける政治的シオニズムのプロジェクトは反民主主義的で排他的であったが、これはシオニズムの性格から生まれる必然である。パレスチナ人の存在は、せいぜい、ユダヤ人主権を認める被支配マイノリティとして、「国家が我慢して住まわせてやっている」にすぎない。イスラエルの対パレスチナ政策は、ガリラヤであろうと、西岸地区丘陵地帯であろうと、同一の優先順位と前提に基づいて形成され、実行されている。本書で私は、イスラエル内パレスチナ系国民であることが何を意味しているのか、そのことがもっと大きな問題とどうつながっているのかを検討し、そして「ユダヤ的かつ民主主義的」というイスラエルの規定がこの紛争の基底にある矛盾であることを論じる。

註

（1）Tawfiq Zayyad, ‘Here We Shall Stay’, in Salma Khadra Jayyusi (ed.), *Anthology of Modern Palestinian Literature*, New York: Colombia University Press, 1992, pp. 327–8.
（2）Arthur Hertzberg, *The Zionist Idea*, Philadelphia: The Jewish Publication Society, 1997, p. 222.
（3）Hillel Cohen, *Good Arabs*, Berkeley: University of California Press, 2010, p. 233.
（4）Ben White, ‘Netanyahu: Erasing the Green Line’, *Al Jazeera*, 27 April 2010.
（5）Ben White, ‘The political fading of the Green Line’, *Middle East International*, 5 March 2010.
（6）Nadim N. Rouhana and Nimer Sultanty, ‘Redrawing the Boundaries of Citizenship: Israel’s New Hegemony’, *Journal of Palestine Studies*, vol. 33, no. 1. (Autumn, 2003), 5–22.
（7）‘2008 Sikkuy report: huge socioeconomic gap between Jews and Arabs (with this government, it’s likely to grow)’, Promised Land blog, www.promisedlandblog.com?p=1885
（8）Hertzberg, *The Zionist Idea*, p. 245.
（9）Anton La Guardia, *Holy Land Unholy War*, London: John Murray, 2002, p. 77.

（10）Zeev Sternhell, *The Founding Myths of Israel: Nationalism, Socialism, and the Making of the Jewish State*, Princeton, NJ: Princeton University Press, pp. 71–2.

（11）Ian Lustick, *Arabs in the Jewish State*, Austin, TX: University of Texas Press, 1980, pp. 34–5.

（12）Michael Makovsky, *Churchill's Promised Land: Zionism and Statecraft*, New Haven, CT: Yale University Press, p. 156.

（13）Victor Kattan, 'The Failure to Establish Democracy in Palestine: From the British Mandate to the Present times', *Jadaliyya*, 2 April 2011.

（14）Nur Masalha, *Expulsion of the Palestinians*, Washington DC: Institute for Palestine Studies, 2001, p. 6.

（15）Ronald Storrs, *The Memoirs of Sir Ronald Storrs*, Pittstown, NJ: Arno Press, p. 396.

（16）Tom Segev, *One Palestine, Complete*, London; Abacus, 2002, p. 119.

（17）Evan M. Wilson, A Calculated Risk: The *U.S. Decision to Recognize Israel*, Cincinnati, OH: Clerisy Press, 2008, pp. 228, 234.

（18）詳細は，例えば，Ilan Pappe, *The Ethnic Cleansing of Palestine*, Oxford: Oneworld Publications, 2007などを参照されたい。

（訳註1）タウフィーク・ザヤード（一九二七～一九九四）はガリラヤ生まれの抵抗詩人。ナザレ市長，ラカハ（共産党）党首，クネセト（イスラエル国会）議員。詩句は，残飯を漁ってでも，床掃除人をしながらでも，盗みをしながらでも，イスラエルの喉に刺さった骨のように，イスラエル人の目に入る砂嵐のように，サボテンの刺のように住み続け，子どもに反乱

を教え、街頭を怒りで、刑務所を人間的威厳でいっぱいにするという、長い詩の一部。引用部の「二〇の不可能のような」（Like Twenty Impossibles）は、パレスチナ人女性映画監督アンヌマリー・ヤシールが二〇〇三年に発表し、カンヌ映画祭で入賞した短編ドキュメンタリー映画のこと。占領地をイスラエル軍のチェックポイントを避けながらエルサレムへ向かうパレスチナ撮影隊が、占領下の住民の姿や占領政治風景を映したもの。監督のアンヌマリー・ヤシールはサウジアラビアで育ち、十六歳で渡米、現在米国と占領地パレスチナに住み、コロンビア大学、ベツレヘム大学、ビルゼット大学で教えている。

（訳註2）ヘルツル著『ユダヤ人国家』、佐藤康彦訳、法政大学出版局、二〇一一。

（訳註3）パレスチナ人はもちろんアラブ人で、同地の住民を指す場合「パレスチナ・アラブ」という呼称が使われたが、一九六七年戦争の頃から、アラブ諸国の裏切りや消極性を意識し、自ら闘う過程で「パレスチナ人」アイデンティティが生まれた。アラブ・イスラエル紛争からパレスチナ・イスラエル紛争に変化。「パレスチナ人」は闘いと抵抗運動から生まれたアイデンティティである。

（訳註4）一九六一年生まれのヘブライ大学の教授。一九四八年に発生したイスラエル国内のパレスチナ人難民について多く書いている。

（訳註5）イスラエルは建国から一九六六年まで、通常の議院内閣府による統治とは別に、居住制限や財産没収や外出禁止等々を好き放題に課す軍事政権統治があった。これらの措置は、英国委任統治時代の防衛法（非常事態）と、イスラエルが一九四九年に立法化した「緊急時における土地徴発法」（一般に緊急法と略される）を法的根拠とする抑圧法で、ガリラヤ、テルアビブ東のヨルダン国境付近の三角地帯、ネゲヴ地方のアラブ人にだけ適用された。

（訳註6）一九七六年三月、イスラエルはガリラヤ地方の土地を強制収用。これに対してイスラエル内パレスチナ人がガリラヤからネゲヴまでゼネストとデモで抗議、その際イスラエル軍はパレスチナ人六人を射殺、約一〇〇人を負傷させ、数百名を逮捕した。以来三月三十日を毎年「土地の日」として、パレスチナ各地、中東、世界の国々でデモや集会が行われるようになった。世界の自由を求める人々がパレスチナの虐げられた人々への連帯を表明する日となり、イスラエルを脅かしている。

（訳註7）イスラエルの左派歴史家・思想家イラン・パペは、一九四八年戦争をパレスチナ人が呼ぶように「ナクバ」（破局）とは呼ばず、「民族浄化」と呼ぶことを提案している。彼によると、一九四八年の民族浄化が不完全であったので、その後のイスラエルの対パレスチナ政策はそれの完成を目指すもの、即ち「一九四八年戦争の総仕上げ」だと論じている。

（訳註8）イスラエル内パレスチナ人キリスト教徒で、一九九五年に設立されたパレスチナ人NGOやコミュニティ・グループの連合体「イティジャー」Ittijahの会長。二〇一〇年ヒズボラのスパイだという容疑で逮捕され、九年間の懲役を言い渡された。

（訳註9）エコノミスト誌のEU特派員、考古学・歴史の専門誌『シャルルマーニュ』コラムニスト。

（訳註10）一八五六〜一九二二年。第二次アリヤ（移民）のユダヤ人労働シオニズムの精神的指導者で、「労働が人間の文明の基礎」と教え、キブツの開拓者農民と都市部のユダヤ人・プロレタリアートで進歩的社会を作り上げることでユダヤ人国家樹立は可能と主張、ヘルツルやワイズマンのようにヨーロッパ大国の支援でユダヤ人国家を作ろうとする政治的シオニズムと対立。世界の左翼活動家がシオニズムを進歩的左翼思想と勘違いして、キブツへ入った

のはこのためである。パレスチナ人民族浄化の点では同じ。ハポエル・ハツァイル（青年労働者党）設立者。

（訳註11）パレスチナの帰属をめぐって一九三六年にアラブ側が行ったゼネストや抗議活動に関して、英国が送り込んだ調査団。ピール委員会はパレスチナをユダヤ人国家、トランスヨルダンを含めたアラブ人国家、イギリス統治地域に分割することを提案した。

（訳註12）イソップ物語の飼い葉桶に入り込んで牛を困らせる話から、「邪魔者」の意味。

（訳註13）オスマン帝国がドイツ側についたので、ユダヤ人とアラブ人を味方につけるため、前者には「ユダヤ人の民族郷土建設支援」を約束した「バルフォア宣言」、後者には「アラブの独立を承認し支援する用意がある」と書いた「マクマホン書簡」（一九一五年）、そして同盟国フランスとの間に中東分割を決めた「サイクス・ピコ協定」という、矛盾する三約束は、英国の「三枚舌外交」として有名で、今日の紛争の原因を作った。

（訳註14）一八五九～一九二五年。初代カーゾン・オブ・ケドルストン伯爵、保守党所属、インド副王兼総督、貴族院院内総務、外務大臣などを歴任。

（訳註15）一八七六～一九四三。ドイツのユダヤ人。邦訳書にルッピン著『猶太人社会の研究上・下』（大連満鉄、昭和十六年）がある。

第一章　「ユダヤ的かつ民主主義的」？

すべてのイスラエル国民は、これまでイスラエルが世界で最も反レイシスト国家であったし、将来もそうあるべきだということを認識している。(1)

イスラエル大統領　シモン・ペレス

イスラエル政治体制に関する信頼に値する研究からは……イスラエルが民主主義国だという結論は出てこない。(2)

ベン＝グリオン大学　オレン・イフタヘル教授

イスラエルの指導者や外交官が、イスラエルをユダヤ人の国、あるいは時によっては「ユダヤ的かつ民主主義的」国家であることを認めよと、パレスチナ人に要求するのは、現在では普通のこととなっている。ポスト・オスロ和平交渉という背景に置いて見ると、これは比較的新しく付け加えられたものである。二〇〇〇年以前には、イスラエルが「ユダヤ的かつ民主主義的」性格であるという想定は、あまり新聞報道の中でも表現されなかったし、議論もされていなかった。一九七〇年代〜九〇年代の新聞記事を見返すと、そういう位置づけをしたがる気持ちは、主として一九六七年に占領したパレスチナ領のあり方に関する議論の中に登場していた。

しかし現在、イスラエルのユダヤ的性格という自己規定は、和平交渉の中でイスラエル側がパレスチナ側に認めさせようとしている要求項目だけに収まらず、多くのクネセト（イスラエル国会）議員によれば、それは「防衛すべき」性格なのだ。国際的に見ても、イスラエル・ロビーやイスラエル支持者にとっても、イスラエル＝ユダヤ人国家への反対は、いわゆるイスラエル国の「非正当性」を浮かび上がらせる非常に厄介なシロモノなのだ。その意味で、「ユダヤ的かつ民主主義的」という公式の梱包を解くことが、我々にとって重要だ。とりわけ、この自己規定の持つ意味を理解することがこの紛争の根源的原因の明瞭化につながるので、なおのこと必要である。

第一に、イスラエル人学者ハイム・ミスカブ博士(訳註1)の言葉に、「イスラエルは他の国家と同じではない」というものがある。しかもこのイスラエルの特異性は公然と称賛されている。(3)例えば、一九七〇年『世界シオニスト機構』に、エリエゼール・シュウェイド教授(訳註2)は次のように書いた。

シオニズム国家としてのイスラエルは、他の一般の国家とは異なり、国民の多数が必ずしも国境内に存在しているとは限らない国家と見なされなければならない。シオニズム国家イスラエル国はユダヤ民族の安全、幸福、統一、文化的アイデンティティの継続に関して責任を担わなければならない(4)……

しかし、イスラエル国民の五人に一人がパレスチナ人であることは、ここでは忘れ去られている。だから、イスラエルの「国境」〔frontier〕は、「世界に散在するすべてのユダヤ人を包含するように拡大」され、彼らを潜在的国民と勝手に規定するのであるが、「同時に、イスラエル国内に実際に住んでいる国民すべてのための国ではなく、その一部の国民の国だとするのである。(5)」

第二に、危機的状況になると、「ユダヤ的かつ民主主義的」性格の一方だけが重視される。入植活動の指導的人物ノーム・アルノン(訳註3)は次のように表現している。

当然のこととして、イスラエル国はユダヤ人国家として建設された。採用された体制は民主主義制度であるが、本質はあくまでユダヤ人的である。この本質と統治形態である民主主義制度の間に矛盾が生じたら、本質の方が優先されるのは当然である……(6)

これは単にイスラエル右派だけの見解ではない。これから見ていくように、それはイスラエルの司法、立法、行政の各分野を形成する共通理解である。イスラエルは「ユダヤ人によってユダヤ人のために作られた」国であり、従って「国民ではなく、中核となる民族と一体となる」国家である。(7)

第三に、「ユダヤ的かつ民主主義的」というイスラエル国の定義に本来的に包含されているパレスチナ系マイノリティ国民に対する差別の存在は、そのことが率直に議論されるとき、実にあっさりと認められる。法律家ルース・ガヴィソンはかつて最高裁裁判官候補になったこともあり、イスラエル公民権協会〔訳註4〕〔The Association for Civil Rights in Israel〕創設者の一人でもあった著名人である。そのガヴィソンが、二〇〇三年、「ユダヤ人の国家権利」を擁護する長い論文を書き、その中で、ユダヤ人の国家権利がパレスチナ人に及ぼす結果について、実に正直に記した箇所を引用しよう。

かくしてユダヤ人国家は、アラブ人が平等なパートナーになり得ない活動体である。そこではアラブ人の権利は別の民族集団——たとえそのほとんどがパレスチナの地へのニューカマーであり、その多くがまだ国内に居住していなくても——の権利よりも下位に置かれる。(8)

同じように、イスラエルの学者チャールズ・S・リーブマンとエリエゼール・ドン＝イェヒヤの共著『イスラエルの市民宗教』〔*Civil Religion in Israel*〕の中にも、「まさに〔イスラエルの〕市民宗教ゆえに」イスラエル人口の約二〇％を占める「アラブ人が排除されるのである」という記述がある。(9)

二種類の国民に二種類の法律

「ユダヤ人国」イスラエルのパレスチナ人マイノリティ処遇の基礎となるのが、一九五〇年にクネセトを通過した法律――不在者財産取得法と帰還法である。前者については第二章で詳述するが、ここでは同じ年に成立したこの二つの法律が絡み合って「排除……と包含」[10]の境界を規定したことを見る。

ユダヤ機関によれば、「素晴らしい」帰還法は「イスラエルの中核的目的を規定する実に分かり易い数語、『すべてのユダヤ人はこの国に移住する権利を有する』[11]」で始まる。つまり、「これ以降、ユダヤ人はやって来て、自分はユダヤ人だと言えば、イスラエル国民になれるのだ……基本的に、世界中のユダヤ人が当然の権利としてイスラエル国民であるのだ。」

ベン＝グリオンは、帰還法はユダヤ人が「異郷生活」から「祖国」へ帰還する「歴史的権利」に基づくもので、一般の国々の「移民法とは無関係」と言った[12]。イスラエル人ジャーナリストのエナシェル・ペフェルも、帰還法は「国家の存在意義」を規定するもので、「イスラエルの最も重要な公文書」であると書いた[13]。

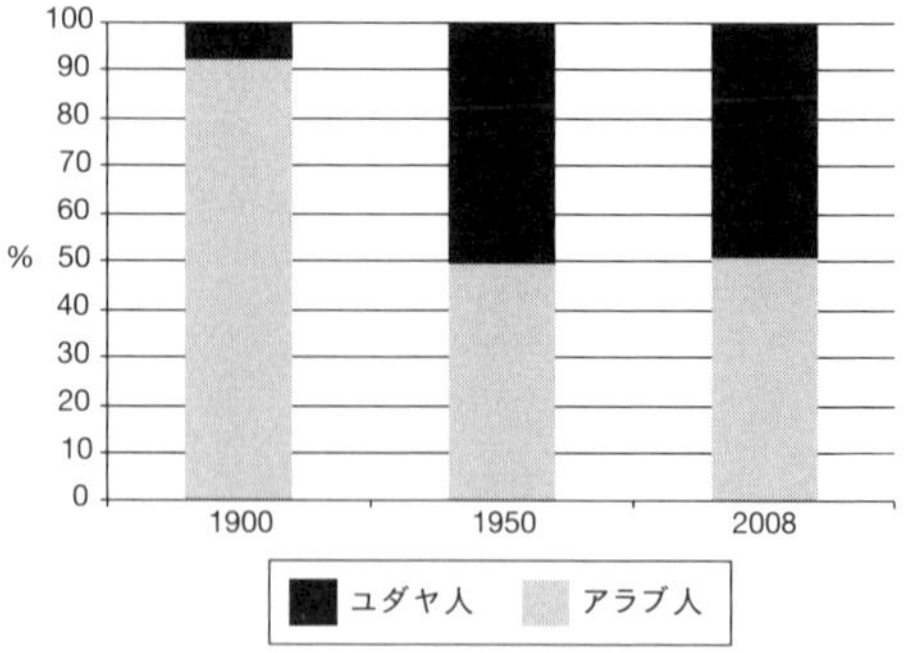

図1　パレスチナ／イスラエル（英国委任統治領パレスチナ）の人口統計
出典：Malkit Shoshan, *Atlas of the Conflict: Israel-Palestine*, pp. 170-71.

一九五二年に帰還法はイスラエル国籍法となり、そこでは「帰国する」（つまりイスラエルへ移住する）ユダヤ人に国籍を与えると規定された[14]。この国籍法は同時にパレスチナ人民族浄化の拠り所となった。国境をまたがって散在する難民キャンプのパレスチナ人数十万人の国籍を奪って、一挙に追い出したのだ。国籍法には、イスラエル内非ユダヤ人に対して用意されたカテゴリー「在留」〔Residency〕が規定されているが、これは、一九五二年国籍法制定に伴う住民調査のときに存在し、しかも一九四八年五月のイスラエル建国以来ずっと住民登録を行っている者だけに「在留」を許すという規定である。換言すると、イスラエルによって追放されたり、戦火を一時的に逃れたが、その後イスラエルの暴力によって帰郷を妨げられている七〇万人以上のパレスチナ人は、「在留」から排除されたのだ。

この政策は国連総会決議第一八一号（分割案）に違反するものであった。同決議は、委任統治パレスチナの住民は「設立される国家の国民となり、そこで居住し、完全なる市民的・政治的権利を有する」と規定している。[15] さらにこの政策は世界人権宣言一三条に違反する。一三条は「何人も、現在の自国を含め、いかなる国からも出国し、自分の故郷である国へ帰る権利を有する」と述べている。また同宣言一五条にも違反する。一五条には「何人も任意に国籍を奪われてはならない」という規定がある。[16] ここが重要な点である。「ナクバ」と呼ばれるパレスチナ人の破局——民族浄化——の結果、ユダヤ人多数派社会が成立、そこに残った先住パレスチナ人はイスラエル内「パレスチナ人マイノリティ」と呼ばれるようになったが、一九四八年まではパレスチナ人の方が多数派だった——現在でも、パレスチナ・イスラエル全体で見ると、パレスチナ人とユダヤ人の人口はほぼ同数である。

国民資格区分

ユダヤ人国としてのイスラエルに関してあまり理解されていないことの一つは、「市民権」〔citizenship〕と「国籍」〔nationality〕の相違である。英語ではどちらも同じ意味で使えるので、混同されることが多い。イスラエルでは「国籍」（ヘブライ語で「レウム」）と「市民権」（ヘブライ語で「エズラフト」）はそれぞれ別個の身分を意味し、異なる権利と責務を表す言葉である。(17) イスラエル内パレスチナ人は非ユダヤ人だから、市民〔citizens〕になり得ても、国民〔nationals〕になり得ない。だから、一九五〇年帰還法によって外国の国民であるユダヤ人にはイスラエル市民権・国籍が付与されるが、その「権利と特権」はイスラエル「国民」であるパレスチナ人には適用されない。(18)

ヘブライ大学の法律学者で、国際法律委員会(訳註5)の委員でもあるダヴィド・クレッツメル教授は、この「ネーション」〔国家・民族〕コンセプトが「ユダヤ民族に属する国民とそうでない国民の間の区分を維持し……〔そして〕すべての国民〔citizens〕に対する政治的枠組みとしての国家と、ユダヤ民族の独特な民族国家〔nation state〕としての国家という二分法を強化した」と書いている。(19) 居住に関する国連特別報告者を八年間務めたことがある国際人権問題研究者ミルーン・コタリは、イスラエルの国民問題を次のようにまとめている。

イスラエルの国民資格は、国際法の通例と異なり、国土出身または国土居住と結びついていない。国土よりイスラエル法体系の神政的性格によって、国民的権利の完全享受の有無は民族的基準に基づいている。イスラエルの市民権法〔Israeli citizenship law〕（エズラフト）は、公の文書でも、国籍法〔nationality law〕と誤訳されることが多いが、市民資格〔civil status〕は「ユダヤ人国籍」〔Jewish nationality〕とはまったく異なるのである。[20]

イスラエル裁判所も「市民権」と「国籍」が異なることを認めている。それを物語る事例を、バーナード・アヴィシャイ（訳註6）は自著『ヘブライ共和国』〔*The Hebrew Republic*〕の中で述べている。一九七〇年代初期、ジョージ・タマリンという名のイスラエル・ユダヤ人が自分の国民登録を「ユダヤ人」から「イスラエル人」に変えたいと裁判所に提訴した。アヴィシャイによると、そのときの高裁の判決は、「ユダヤ国の他にイスラエル国は存在しない」、そして当時の高裁所長のシモン・アグラナトが、全国民を一様に扱うような「国民」

という概念は「イスラエル建国の基盤そのものを否定するもの」という付帯意見を加えた。[21]二〇〇八年にも、『内部用』にユダヤ人、『外部用』にイスラエル人であるというのは荒唐無稽」と主張するグループが、身分証の国民資格を「イスラエル人」にしてくれと集団提訴したが、却下された。[22]

配偶者の引き離し

パレスチナ人を下位に置いてユダヤ人を特権化する「国籍」使用法は建国以来ずっと続いてきたものだが、近年マイノリティ処遇をもっと悪化させる法的処置があった。二〇〇三年クネセトは「国籍およびイスラエル入国法」〔臨時令〕を成立させた。さらに本書執筆中にこの臨時令が更新された。[23][訳註7]この法律は「一九六七年に被占領地となったパレスチナ（OPTs）のパレスチナ人に、イスラエル国籍の国民と結婚しても、在留権や市民権を付与することを禁ずる」というもの（しかも、二〇〇七年には対象が敵性国家――イラン、イラク、シリア、レバノン――の国民にまで拡大された）。

当時の駐イスラエル欧州委員会代表部大使は記者会見を開き、同法を「家族関係という人間にとって非常に大切な領域でパレスチナ人を傷つけ、人種差別体制を確立するもの」と非難した。[24] 二〇〇八年、イスラエルのアラブ人マイノリティの人権法律センターである「アダラー」〔Adalah〕は、「家族生活を営む権利を国や民族の違いを理由にして否定する国は、イスラエル以外、世界のどこにもないことを強調したい」という声明を出した。[25]

この法律を正当化する公式理由は「家族に会うことを口実にしてイスラエルへ入国するテロリストを防ぐこと」だとしている。しかし、この「治安」による合理化は根拠薄弱である。イスラエル公民権協会（ACRI）が指摘したように、イスラエル保安当局が「二万人の出稼ぎパレスチナ人労働者の入国を許可している」事実は、「入国するパレスチナ人個々人について危険性を判断することが可能であることを物語る」もので、治安一般を口実にする制限立法には根拠がない。[26]

「治安」による合理化の根拠は、例えば元シン・ベト〔訳註8〕副局長で、当時無任所大臣であったギデオン・エズラなどの発言で、どんどん崩れていった。エズラ大臣は「イスラエルはゾッとするようなパレスチナ人帰還権を受け入れる気はさらさらない。わが国がユダヤ人国家でなくなることを望むものは一人もいない」と言って、非ユダヤ人制限策を肯定したのであった。[27]

二〇〇五年四月、イスラエルの新聞は、政府が「非ユダヤ人のイスラエル市民権や永住権獲得をもっと困難にするように法律を修正することを検討している」ことを報道した。「イスラエル国民と結婚したパレスチナ人などの外国人に法的地位を付与することを禁止することを目的とする」修正法だと解説している。[28]

新聞は、この法律――「ユダヤ人多数派性を確実にする人口統計的考慮に基づくもの」――が二〇〇三年臨時令の延長線上にあるものと説明し、当時の首相アリエル・シャロンが「治安口実の陰に隠れる必要はない。ユダヤ国家の存続が絶対必要なのだ」と恥ずかしげもなく認めた言葉を引用した。[29]

ハアレツ紙は、そのような政策なり法律が「非ユダヤ人のイスラエル国籍獲得を非常に難しくするような厳格なものでなくてはならない」という点で、「政界や学界で幅広い同意がある」と書いた。[30] さらにこの法律は、非ユダヤ人ニューカマーにユダヤ人国家への忠誠宣誓を義務づける「忠誠宣誓」法案が最終的にクネセトで承認される土壌作りに貢献した。二〇一〇年七月、「イスラエル内アラブ人と婚姻関係を結んだパレスチナ人が夫婦同居生活を理由にイスラエル国籍を申請することが困難になるように、宣誓文言を工夫し

た」との政府筋発言が流れた。(31)(訳註9)

イスラエルの憲法

イスラエルには正式な憲法がない。(訳註10) 憲法がない国はイスラエルだけではないが、イスラエルの場合、国連の分割決議を契機に生まれた国だから、その国に憲法がないというのは、その決議そのものに違反することである。決議では、分割によって成立する国はそれぞれ「すべての人々に平等と非差別的な権利を保障する……民主主義憲法」を作成することが義務づけられているからだ。(32) イスラエルのマイノリティ国民パレスチナ人にとって憲法不在よりも厄介なことは、憲法に代わるものとして制定されたもの——何か神政国家的性格を表すような、曖昧に規定される諸法律である。

長期間にわたってイスラエルは一一の「基本法」を制定、それらが法的拘束力を持つ憲法の働きをしている。(訳註11) そのうちの一つ「基本法‐人間の尊厳と自由」は、一見すべてのイスラエル国民を保護しているような印象を与える。しかし、現実には、その文言はパレスチナ人マイノリティ国民を意図的に排除する内容になっている。同法第八条は「この法律が保障する権利は、適正な目的に基づいて、必要とされる範囲を大幅に超えない限度で制定される、ユダヤ人国家の価値観に相応しい法律がある場合を除いては、侵害されてはならない〔傍点は著者の強調〕」となっている[33]。

では、どんな価値観なのか。同法の冒頭文は「この基本法の目的は、ユダヤ的かつ民主主義的国家としての価値観を基本法の形で実現するために、人間の尊厳と自由を守る……〔傍点は著者の強調〕」で始まっている。

換言すると、「国民の一部の基本的人権を犠牲にしてでもユダヤ人国としてのイスラエル国という性格とその国家の目的を優先することが基本」なのだ[34]。最高裁判事バラクはこの解釈を肯定して、「イスラエルは他の国とは違うのだ。単なる民主主義国ではなく、ユダヤ人の国なのだ」と言った[35]。

「基本的人権法を作ろうと何度か法案提出が試みられたが、いまだにそのような法律が制定されていない」という文は、まさにイスラエル政治の本質を表すものである[36]。だから、最高裁判決や一般の立法行為には平等の原則が見られるのに、ことパレスチナ人に関わることになると、基本法のように、ひどい「制限」があるのだ[37]。例えば、一九八五年に国会基本法に第七条Aが修正条項として付け加えられた。この修正条項は、「イスラエルをユダヤ人国として認めない者が国会議員に立候補することを禁じる」というもの。同条項はまた「イスラエル国の民主主義的性格を否定すること」を禁じているのである。(38)(訳註12)

またイスラエルは、公式にはまだ「非常事態」国家である。一九四八年以降クネセトは毎年非常事態を更新してきた。この非常事態に対応する法律は一一、条例が五八もあって、生活の広い範囲に制限を課している。(39)

例えば、外国旅行に関する有事規制、国内侵入防止法、軍の民間資産徴発を認める法律、船舶取り締まり法、任意の逮捕・捜査・土地没収を可能にする緊急時における土地徴発法〔緊急法〕、物品・用役監視法、夜のパン焼きを禁止する法律等々。(40)

「非常事態」解除要請が何度も提起されたが、それを廃止すれば、「非常事態」が政府に与えた諸権力を維持するために別枠で「人権侵害体制」を作らなければならなくなるので、そのまま続いてきたのである。(41)

またイスラエルは一九四八年以降ずっと神政国家的要素を国民の日常生活の中に組み込

んできた。これが意味するのは、パレスチナ系国民は言うまでもなく、非正統派ユダヤ教徒国民に対する「行政的・政治的差別」である。米国務省の「二〇一〇年版世界の宗教の自由に関する年次報告」から抜粋した次の項の中に、そのことがはっきり表れている。(42)

●正統派主席ラビが執り行った結婚だけが、政府が認める国内ユダヤ人の結婚である。

●ラビが認めた者だけがユダヤ人国営墓地に埋葬される。それは正統派基準でユダヤ人と認められた者が有する権利である。

●ユダヤ教の礼拝所〔シナゴーグ〕や墓地の建設費用は政府支出である。ユダヤ教以外の宗教の歴史的な信仰の場の維持費にも公的費用の援助があるが、ユダヤ教に比べれば格段に低水準である。場所によっては、ユダヤ人個人や市町村が古いモスクを取り壊して、その跡地に美術館やレストランや博物館などを建てるのを、政府が許可している。

●宗教省が国内一一三のユダヤ宗教会議を監督、宗教会議は各地のユダヤ人コミュニティの宗教活動を監督する。ユダヤ教以外で宗教会議を認められているのはドルーズ教徒のみ。(訳註13)その宗教会議は内務省非ユダヤ人局の監督下にある。

◉ユダヤ教徒への二〇〇九年宗教予算はだいたい三億九〇〇〇万ドル。人口の二〇%を占める宗教マイノリティへの宗教予算は一四二〇万ドルで、宗教予算全体の四%以下。

◉異教徒旅行者はベン＝グリオン空港で、宗教的理由で足止めされることがある。内務省が「布教活動の疑惑あり」と判断すれば、入国を拒否され、そのまま帰国しなければならない。

イスラエル独立宣言の中にある文言「すべての〔国内〕居住者に対し完全平等な社会的・政治的権利の保障」を指摘して、マイノリティの権利が十分に保護されていると主張を試みる人々がいる。しかし、クレツメル教授が指摘するように、イスラエル最高裁判所は、独立宣言が「個々の法律や条例や布告などの合法性〔合憲性〕判断の基準となる『憲法』とは見なされない」と判断したのである。[43] 実際盛んに引き合いに出される独立宣言によって表現される国家は「すべての国民の国家でもなく」、また「ユダヤ的かつ民主主義的国家でさえもなく」、むしろ「端的に純粋ユダヤ人国家」であった。[44]

目的実現の手段

イスラエルのユダヤ国的性格を作り上げ維持する手段となったのが、各種シオニスト団体、ユダヤ機関〔ＪＡ〕、世界シオニスト機構〔ＷＺＯ〕である。ユダヤ人の利益を優先することを存在理由とするこれらの団体は、普通なら国家がやるべき任務を行っている。法律によって「行政装置の中核部分」と規定されているのである。[45] 一九五二年に成立した「世界シオニスト機構／ユダヤ機関（地位）法」（一九七五年に修正された）はＪＡとＷＺＯを次のように位置づけた。

〔両者は〕イスラエルの入植活動と開発、ディアスポラ・ユダヤ人をイスラエルへ移住させる活動、そういう面で活動しているユダヤ人諸団体の運動を調整する活動を、以前と同じように継続して行うことをイスラエル国から公認された機関で[46]……

民族・宗教至上体制を維持――同時にそれを隠蔽――する点でこれらの組織が大変役立つことを、イスラエル初代首相ベン゠グリオンは認識していた。彼は、シオニスト機構が国家ではできないことや行ってはいけないことを成し遂げることができるので、「非常に便利だ」と言った[47]。他の場面でも同じことを言っている。一九六七年人口委員会設立（第三章で詳述）に関して、彼は、「［ユダヤ人］出産奨励」は「国家機関ではない」「一つないし複数のユダヤ人団体による、自発的活動によってなされるべき」であると述べた[48]。

バーナード・アヴィシャイは自著『ヘブライ共和国』の中でユダヤ機関元教育部長の見解を引用している。部長は、この組織の存在を「民主主義を建前とする国家と調和させる唯一の方法」は、「この組織をNGOと再設定すること」だと言ったのだ[49]。一般に特定の集団の利益のために活動する民間組織は世界中に存在する。しかしイスラエルの場合、ユダヤ人を構造的に特権化する使命を担う組織は単なる民間団体を超え、公的に権限がある地位に位置づけられ、何よりも非ユダヤ人国民の利益を恣意的に破壊する活動に従事する危険団体なのだ。

解決不能な矛盾

二〇一一年、「受け入れ委員会」(第三章で詳述)に関する法案の国会〔クネセト〕通過前のこと、この法案を批判・反対する人々に対しダヴィド・ロテム議員〔イスラエルわが家党〕は、「私はこの国をユダヤ的かつ民主主義的国家として維持することを明確に宣言したい。諸君は法案が民主主義に反すると言うが、諸君の言うとおりにすればイスラエル国は成立しない。イスラエル国はユダヤ人の民主主義国家であって、すべての国民のための国家ではないのだ」と反論した(50)。

ロテムはイスラエルの政治スペクトルで右端に位置する政治家で、自分が言った言葉の論理矛盾をまったく分かっていない。その点では、イスラエルの「ユダヤ人民主主義」を擁護する「リベラル左派」も同じである。以下にイスラエルの制度的差別が実際に作用する諸面を紹介するが、これらはイスラエルでは驚くようなことではないのだ。イスラエル人教授オレン・イフタヘルが書いているように、「イスラエルの体制そのものがアラブ人とユダヤ人の平等を、理論的にも実際的にも、不可能にしている」のである。何故なら「国家システムそのものが、全国民の平等にとって必須である民主主義に矛盾する制度的構造になっている」からである。「この矛盾のエッセンスはイスラエルの存在理由そのものから発している」ことが決定的なのだ。[51]

二〇一〇年には何人かのラビがアラブ人に住宅を貸すなと呼びかけ、イスラエル社会で物議を醸した。[52] このような露骨で幼稚な差別を公然と呼びかけることには、一応イスラエル政治家も好ましくないという意見を表明する。しかし、呼びかけから数か月後、呼びかけ人の一人サフェドのラビは、「イスラエルの地のユダヤ的性格育成に貢献した」人物として、政府の大臣の推薦によって表彰されたのである。[53] しかし、こんなラビみたいなものを抽出してイスラエルを批判するのはまっとうなやり方ではないだろう。ベン＝グリオン大学の社会学・文化人類学部の創設者レヴ・ルイス・グリンベルグがこのようなラビの背後にあるイスラエル政府の偽善を書いた記事の一部を紹介しよう。

好むと好まざるとにかかわらず、ラビたちは「ユダヤ人国家」という言葉が内包する反民主主義的発想を口に出したにすぎないのが、事実であろう。レイシズムの本源は〔ラビたちの言葉ではなく〕イスラエル・ユダヤ人国民の特権とアラブ人国民をどんどん周辺化させる政治にある。ラビたちはそれをバカ正直に言語化したにすぎない。クネセトと政府はもっと複雑で手の込んだレイシズムを好む。[54]

イフタヘルたちはイスラエルを「デモクラシー」というより「エスノクラシー」[訳註14]国家と呼ぶ。つまり、紛争領土内で支配的民族集団の拡大と権力独占を進めながら、他方で民主主義的見せかけを維持しようとする体制のことである。[55]「民主主義的統治だと宣言しているにもかかわらず、民族（領土内居住の国民ではなく）が人権、権力、資源配分の主要決定要因であり……［そして］民族差別論理が社会的・政治的システムの中に浸み込んでいる。」[56]

このことがパレスチナ人国民に持つ意味をはっきり例示するのが、二〇〇二年に当時の首相アリエル・シャロンがクネセトの議論の中で持ち出した区別である。彼はパレスチナ系国民に「土地権利」があることを認めたが、「イスラエルの地に対する全面的権利はユダヤ人だけのもの」と言った。[57] このことは二〇〇五年の国連演説の中でも繰り返され、彼は「ユダヤ民族のイスラエルの地に対する権利」を語り、「他の国民」は「土地の名義上の権利」があるだけと言ったのだ。[58]［傍点は著者の強調］同じような考えが、被占領地東エルサレムのシェイク・ジャラ地区のユダヤ教徒入植者への珍しいインタビューの中で表明された。入植者一家の夫がエルサレム・ポスト紙の記者の質問に答え、「アラブ人」に対する自分の考えを述べた。

一般的に言って我々のアラブ人への態度――私個人の考え方ですが――には、近所に住んでいるムハンマドとかムスターファなどのアラブ人に対する敵対心はありません。彼らとの人間関係上の問題はありません。あるのは国家的問題だけです。私たちはこの地に住みたいのです。エレツ・イスラエル〔イスラエルの地〕全体、とりわけエルサレムはユダヤ民族のもので、そのことをアラブ人は理解しなければなりません。大事なことは、この地の本来的な地主は誰であるかを彼らが理解することです。地代を払うなどの金銭的な意味で言っているのでなく、この地が誰に所属しているかという意味なのです。(59)〔傍点は著者の強調〕

事実、そのとおりなのだ。パレスチナ系国民は、形式的には個人として公民権と政治的権利を有しているが、ユダヤ民族であることが政治社会メンバーになる絶対的資格であるという「国民性ディスコース」があるために、現実的には「排除」されているのだ。「排除」を前提として、パレスチナ系国民は「多数派ユダヤ人の民族的・国家的目的に衝突しない限りにおいて、個人としての権利が行使できるのだ。[60]」

だから、パレスチナ系国民がイスラエルをすべての国民のための国にしようと提案すると、次に挙げるような反応が返ってくるのだ。一九七六年六月、アラブ系の市長や村長がそういう国家改善案を出したとき、エルサレム・ポスト紙は、「アラブ人国民には機会均等拡大を求める運動をするという奪うことのできない権利がある――しかも、その運動を多くのユダヤ人が支持し、参加している――が、イスラエルという国家は決定的にユダヤ人のものであり、将来もそうであることを、再度アラブ人国民たちに告げる……ことが必要であろう」と、社説に書いた。[61]

二十一世紀に入っても、何も変わらなかった。二〇〇七年、イスラエル内パレスチナ人市民社会が民主主義要求の声を上げたときも、エルサレム・ポスト紙は、「民主主義、バイリンガル、多元文化主義」国家への呼びかけは、「魅力的な言葉で人を欺く欺瞞的な行為」と酷評した。[62]

「ユダヤ的かつ民主主義的」という定式にまつわる緊張はパレスチナ難民に対する態度にも見られる。エルサレム市の元助役のメロン・ベンヴェニスティは自著『聖なる風景』

〔*Sacred Landscape: The Buried History of the Holy Land since 1948*〕の中で、「著名な左翼の人物」が「我らイスラエルが彼ら〔パレスチナ人〕を追い出したという事実には何ら問題がないと思うし、我らが彼らの帰還を望まないことにも何ら問題がないと思う。何故なら、我らはユダヤ人国を作りたいからだ」と臆面もなく言ったことを例示している。(63) 二〇一一年四月のインデペンデント紙の、残骸として残っていたリフタ村(訳註15)の将来に関する記事の中には、「難民がみんな帰ってくるのを待っていたんじゃ、国家がなくなってしまう」というイスラエル土地行政機構の役人の発言が載っていた。(64)

この章を締めくくるにあたって、私は以前に引用したことがある「ユダヤ人の国家権利——ひとつの弁論」を書いたルース・ガヴィソン教授の理論をもう一度取り上げよう。(65) 彼女は、ユダヤ人国内のパレスチナ人が「自治権行使を制限されている」事実を認め、これではイスラエルを全国民のための国家と呼べる「根拠からほど遠い」と言う。しかし、それを次のような論理で正当化する。すなわち、パレスチナ人が蒙っているのは「限定的被害」であるが、もし国家を彼らが要求するように全面的に民主主義化すれば、「ユダヤ民族の権利」は「致命的打撃を受ける」ことになる、という論理。

ガヴィソンは、少数派パレスチナ人は「多数派文化への参加感覚が持てないかもしれない」と小声で言い、その一方でその少数派パレスチナ人に与えるイスラエルのユダヤ的性格を大声で語るのだ。「ユダヤ民族主義がその必要からイスラエル内アラブ人に一定の制限を課す場合があることを容認しなければならない。とりわけ安全保障、土地配分、人口分布、教育の分野で。」

要するに、明々白々な物理的・制度的差別を肯定しているのだ。それに彼女は、イスラエル建国の基礎となったパレスチナ人の土地やその他の財産の奪取やパレスチナ人追放という犯罪行為にまったく触れない。まさにこの行為こそが重要であって、「参加感覚」が持てないなどという問題ではない。公的な差別・隔離政策と自民族・自宗教中心主義体制を「一定の制限」と呼ぶ無神経さ。以下の各章で、この「一定の制限」の内実を取り上げる。

註

（1）'Will the real Shimon Peres please stand up?' *Ha'aretz*, 8 May, 2011.

(2) Oren Yiftachel, *Ethnocracy: Land and Identity Politics in Israel/Palestine*, Philadelphia: University of Pennsylvania Press, 2006, p. 84.

(3) Haim Misgav, 'This is not racism', *Ynetnews.com*, 9 October 2009.

(4) Eliezer Schweid, 'Israel as a Zionist state', *World Zionist Organization*, www.doingzionism.org/resources/views.asp?id=1365

(5) Baruch Kimmerling, 'Boundaries and frontiers of the Israel control system: analytical conclusions', in Baruch Kimmerling (ed.), *The Israel State and Society: Boundaries and Frontiers*, Albany, NY: State University of New York Press, 1989, pp. 265–84 (274).

(6) *Ha'aretz*, 28 August 2002.

(7) Yifat Holzman-Gazit, *Land Expropriation in Israel: Law, Culture and Society*, Aldershot: Ashagate, 2007, p. 102.

(8) Ruth Gavison, 'The Jews' right to statehood: a defense', *Azure*, Summer 5763/2003, no. 15.

(9) Charles S. Liebman and Eliezer Don-Yehiya, *Civil Religion in Israel: Tradtional Judaism and Political Culture in the Jewish State*, Bekeley, CS: University of California Press, 1983, p. 12.

(10) Uri Davis, *Apartheid Israel*, London: Zed Books, 2003, p. 70.

(11) Jewish Agency for Israel website, www.jewishagency.org/JewishAgency/English/Aliyah/Aliyah+Info/The+Law+of+Return

(12) Dina Siegel, *The Great Immigration: Russian Jews in Israel*, New York: Bergham Books, 1998, p. 9.

(13) 'Analysis: What kind of Aliya is best to ensure the survival of the Jewish people?' *Jerusalem Post*, 1 January 2007.

（14） www.israellawresourcecenter.org/israellaws/fulltext/nationalitylaw.htm〔二〇一八年一月現在、閲覧不可〕

（15） United Nations General Assembly Resolution 181, November 29, 1947, www.Yale.edu/lawweb/Avalon/un/res181.htm〔二〇一八年一月現在、以下に移転している。avalon.law.yale.edu/20th_century/res181.asp〕

（16） www.un.org/en/documents/udhr/index.shtml

（17） Roselle Tekiner, 'The "Who is a Jew" controversy in Israel: a produce of political Zionism', in Roselle Tekiner, Samir Abed-Rabbo and Norton Mezvinsky (eds), *Anti-Zionism: Analytical Reflections*, Brattleboro, VT: Amana Books, 1988, pp. 62–89 (70).

（18） Virginia Tilley, *The One-State Solution*, Michigan: University of Michigan Press, 2005, p. 44.

（19） David Kretzmer, *The Legal Status of the Arabs in Israel*, Boulder, CO: Westview Press, 1990, p. 44.

（20） 'Report of the Special Rapporteur on adequate housing as a component of the right to an adequate standard of living, Mr. Miloon Kothari', UN Commission on Human Rights, Fifty-ninth session, 15 June 2002, Footnote #4, p. 23.

（21） Bernard Avishai, *The Hebrew Republic*, Orlando, FL: Harcourt, Inc., 2008, p. 54.

（22） 'Court rejects group appeal to be declared "Israeli" in IDs', *Israel National News*, 15 July 2008; 'So this Jew, Arab, Georgian and Samaritan go to court...', *Ha'aretz*, 28 December 2003.

（23） 'Israel extends ban on immigration through marriage', *AFP*, 2 Jan 2011.

（24） www.old-adalah.org/eng/int104/eurcom-pr.pdf〔二〇一八年一月現在、閲覧不可〕

（25） 'Extgension to citizenship law's validity is latest in a series of Israeli policies of racial separation based on national belonging', *Adalah*, 7 July 2008.

(26) 'Supreme court to decide soon on whether the citizenship law, which discriminates on the basis of nationality and violates the right to family life, is compatible with Israel's basic laws', *Adalah*, 16 March 2009.

(27) Meron Rapoport, 'Law that divides husband and wife', *Le Monde Doplomatique*, February 2004.

(28) 'Legislation seeks to hinder citizenship for Palestinians, non-Jews', *Haaretz*, 5 April 2005.

(29) Ibid.

(30) 'Government plans tough new policy on citizenship, immigration', *Ha'aretz*, 11 May 2005.

(31) 'Loyalty oath to "Jewish state" set to be approved', *Jerusalem Post*, 6 October 2010.

(32) United Nations General Assembly Resolution 181, November 29, 1947, www.yale.edu/lawweb/avalon/un/res181.htm〔二〇一八年一月現在、以下に移転している。avalon.law.yale.edu/20th_century/res181.asp〕

(33) Knesset website.

(34) Hussein Abu Hussein and Fiona Mckay, *Access Denied*, London: Zed Books, 2003, p. 23.

(35) Ibid., pp. 23–24.

(36) Kretzmer, *The Legal Status of the Arabs in Israel*, p. 7.

(37) Ibid., p. 11.

(38) Ibid., p. 28.

(39) 'Israel extends 63-year state of emergency - over ice cream and show tickets', *Ha'aretz*, 24 May 2011.

(40) 'A state in emergency', *Ha'aretz*, 19 June 2005.

(41) Ibid.

(42) US State Department, 'International Religious Freedom Report 2010', www.state.gov/g/drl/rls/irf/2010/148825.htm

(43) Kretzmer, *The Legal Status of the Arabs in Israel*, p. 8.

(44) Ari Shavit, 'Formative words', *Ha'aretz*, 9 May 2011.

(45) Tekiner, 'The "Who is a Jew" Controversy in Israel: A produce of Political Zionism, p. 71.

(46) Davis, *Apartheid Israel*, p. 30.

(47) John Quigley, *Palestine and Israel: A Challenge to Justice*, Durham, NC: Duke University Press, 2000, p. 118.

(48) 'Birth of a nation', *Ha'aretz*, 30 October 2002.

(49) Avishai, *The Hebrew Republic*, p. 53.

(50) 'NGOs to petition against "racist laws"', *Jerusalem Post*, 24 March 2011.

(51) Yiftachel, *Ethnocracy*, p. 93.

(52) 'Safed rabbis urge Jews to refrain from renting apartments to Arabs', *Ha'aretz*, 20 October 2010; 'Shas spiritual leader may back ban on renting to Arabs', *Ha'aretz*, 29 October 2010.

(53) 'Lands conference awards Safed rabbi who said Jews shouldn't rent to non-Jews', *Ha'aretz*, 28 April 2011.

(54) Lev Luis Grinberg, 'Occupation Laws in Israel ?' *Ha'aretz*, translated and published on *Tikkun* website, 7 January 2011, www.tikkun.org/article.php/Jan72011Grinberg

(55) Yiftachel, *Ethnocracy*, p. 3.

(56) Ibid., p. 16.

(57) Jonathan Cook, *Disappearing Palestine: Israel*'s Experiments in Human Despair, London: Zed Books, 2008, p. 38.

(58) www.mfa.gov.il/MFA/Peace+Process/Key+Speeches/PM+Sharon+Addresses+the+UN+General+-Assembly+15-Sep-2005.htm

(59) 'The new pioneers', *Jerusalem Post*, 5 February 2010.

(60) Gershon Shafir and Yoav Peled, *Being Israeli: The Dynamics of Multiple Citizenship*, Cambridge: Cambridge University Press, 2002, p. 125.

(61) Lustick, *Arabs in the Jewish State*, p. 65.

(62) 'Equality and destruction', *Jerusalem Post*, 4 March 2007.

(63) Meron Benvenisti, *Sacred Landscape*, Berkeley, CA: University of California Press, 2002, p. 328.

(64) 'The ghost town between Palestine's past and its future', *Independent*, 30 April 2011.

(65) Gavison, 'The Jews' right to statehood: a defense', *Azure*.

(訳註1) 二〇一一年九月十一日Yネット (ynet) に、「ヨルダンはパレスチナ国家」と、ヨルダンをパレスチナ人の代替母国とする記事を書いた人物。アリエル・シャロンもパレスチナ人をヨルダンへ民族浄化することを理想としていた。

(訳註2) 一九二九年生まれ、ヘブライ大学教授。

(訳註3) 西岸地区ヘブロンの入植地キルヤト・アルバに住む、入植運動の指導者・スポークス

マン。

（訳註4）ACRIと略称されるNPOで、一九七二年にエルサレムで創設され、その名の通りイスラエル内の人権と公民権を世界人権宣言に基づいて擁護すると謳っている。

（訳註5）一九六二年に設立された「法の支配」の確立を目的とするNGOで、国連経済社会理事会やユネスコや欧州評議会などの諮問機関の役割も担っている。

（訳註6）エルサレムのヘブライ大学経営学准教授。米国の大学でも教え、米国のニューハンプシャー州にも居を持ち、忙しく往復している。*The Tragedy of Zionism, The Hebrew Republic* の著者。

（訳註7）イスラエル国民と結婚しても国籍を与えないという法律。この他にも、二〇一一年三月パレスチナ系イスラエル国民の権利を侵害する三法、つまり「ナクバ法」「受け入れ委員会法」「市民権法」も成立した。「ナクバ法」は学校など公的資金で運営される施設や集団にナクバに関連する行事や歴史教授を禁止する法律。「受け入れ委員会法」はネゲヴやガリラヤ地方にある新規住民の受け入れの可否を判断する「受け入れ委員会」に、「社会的安定」基準に合わない人間、つまりパレスチナ系国民や非ヨーロッパ系貧困ユダヤ人などの居住を断る法的拒否権を付与するもの。「市民権法」は「（ユダヤ人）国家への忠誠なくして市民権なし」という論理に基づき、当局から敵性人物と判断される人間から市民権や国籍を剝奪することを可能にする法律。

（訳註8）正式名称は「イスラエル保安庁」。「シン・ベト」は欧米でよく使われる通称で、イスラエルでは「シャバック」という通称が使われる。

（訳註9）ロシア移民を支持基盤とする極右ファシスト政党「イスラエルわが家」党首でネタニヤフ内閣の外相であるアヴィグドール・リーベルマンが提案。その後二〇一〇年十月に「イ

スラエルをユダヤ人国家であることを認め、国家に忠誠を誓う」ことを国籍付与の条件とするという修正法案が閣議決定。ネタニヤフ首相がその適用範囲を「すべての国籍希望者とする」と発言したため、「ユダヤ人もふくめるのか!」とユダヤ人の抗議デモが起きた。なお、「イスラエル内アラブ人」という言い方はパレスチナ人のアイデンティティ形成を防ぐために意図的にイスラエル政府が使用する言葉。

(訳註10) 建国のときの独立宣言と一九五八〜一九九二年にかけて制定した一一の基本法とその修正条項が実質的に憲法の役割を果たしている。

(訳註11) 国会法(一九五八年)、国土法(一九六〇年)、大統領法(一九六四年)、政府法(一九六八年)、国家経済法(一九七一年)、軍法(一九七六年)、首都法(一九八〇年)、司法法(一九八四年)、国家会計検査官法(一九八八年)、人間の尊厳と自由法(一九九二年)、職業の自由法(一九九二年)。

(訳註12) 他にも、人種差別の扇動者の国会立候補も禁じるとある。しかし、民主主義否定者や人種差別者のユダヤ人は実際にはたくさんクネセト議員となっている。右派リクード党、ファシストで人種差別をする「イスラエルわが家」党、宗教政党「シャス」などは本来立候補できないはずである。この条項は、基本的に、本書序文を書いたハニーン・ゾアビ議員の排除を狙ったものであろう。

(訳註13) 古代エジプトのファティーマ朝の六代目カリフを神と仰ぐ宗派。シーア派のイスマーイール派の影響が色濃いが、クルアーンを否定する。カルメル山岳地方に五万人、占領地ゴラン高原に一万五〇〇〇人。後者はイスラエル国籍を拒否。ドルーズ教徒は兵役が認められている唯一のイスラム教徒。

（訳註14）異民族混合社会で一つの民族グループが他の民族グループを支配する社会体制。

（訳註15）エルサレム北の丘陵地にあったパレスチナ人村。ローマ時代以前の文献にも登場する歴史的な村。一九四七年、後にイスラエル首相となったイツハク・シャミール率いるテロ集団シュツルン・ギャングの襲撃、その後ハガナやその他のユダヤ人民兵集団の襲撃が繰り返され、村人が村を脱出して難民となった。

第二章　土地体制

ここの土地が必要だったから、我々はアラブ人から奪った。ここにユダヤ人国を作りたかったからだ。そして、我々はそれを作ったのだ。[1]

グル＝アリエ（イスラエル首相メナヘム・ベギンのアラブ問題顧問）

イスラエルの土地体制はパレスチナ人の土地の強奪のための道具であり、その結果である。[2]

国家とパレスチナ人マイノリティの間の緊張関係の最たるものは、土地の取り上げと土地からの疎外である。法学者フセイン・アブ・フセインとフィオラ・マカイはイスラエルの「排他的土地体制」の中にある「主要ツール」を三つにまとめた。すなわち（一）没収（二）「所有者不在土地の所有権・管理体制」（三）「土地開発・土地利用計画の規制体制」である[3]。

本章ではこの三ツールが利用されてきた歴史を記述し、現代でもイスラエル国が個人生活と共同体生活で最も基本的なもの――土地に関して行っている差別体制を見ていく。

法律による財産収奪

一九四七〜四九年、パレスチナ住民は戦乱やシオニストのテロ襲撃でパニックになって避難脱出をしたり、あるいはシオニストによって追い出され、多くの家が空き家となった。建国当初のイスラエルはこの「不在者不動産」に対して必ずしも組織的な取り組みをしていたわけではなかった。個々のユダヤ人が勝手にパレスチナ人が残した家や土地に入り込んで住み着くというアナーキー状態だった。[4] しかし、イスラエル政府はすぐに「現状に即して」七〇万余のパレスチナ人を排除する作業に着手した。すでにイスラエル諜報機関は、一九六八年六月に、避難民となったパレスチナ住民が戻ってくれば「戦争成果」への「脅威」となるので、それを防ぐ手立てを取るべきだと公言していた。[5] だから、その六月にパレスチナ人村の組織的破壊が行われたのは、地元民帰還を防ぐ目的の政治的ミッションだったのだ。[6]

ユダヤ人移民たちは、主として都市部のパレスチナ人が残した空き家に住みついたが、軍が破壊しなかった農村部の空き家にも入り込んだ。その数は、ヤッファでは約五千人、ハイファ都心部では約四万人、アッコ〔アッカ〕では約五千人。[7] 中には、このように難を避けて一時的に空き家になった家屋に住むことに不安を感じるユダヤ人もいた。例えば、民族浄化されたパレスチナ人村サアサに建設されたササ・キブツの入植者は、次のようにその不安を表明している。

アラブ人村、難を避けるため大慌てで逃げ出した人々の家屋、そこに私たちがやってきて住んでいる……私たちはアメリカからここへやってきたユダヤ人開拓者……新郷土と新社会の建設に役立とうとやってきた……しかし、出て行った人々が絶えず傍にいるように感じて暮らすのは、本当に落ち着かない。その人たちが使っていた物の一部が残っているし、納屋には収穫した作物が貯蔵されている……それだけでもキブツ・イデオロギーが不安定になりそうなのに、そのうえ、モスクが残っていて、じっと私たちを見つめているのだ[8]……

追い出されたパレスチナ人所有の土地やその他の財産がとてつもなく大きいので、何らかの包括的な法的処理が必要となるのは明らかであった。一九四七年十一月末の英国統治領パレスチナには二七九のセツルメント〔入植地やキブツ〕があった。一九四九年八月末にはその数は五〇%増加、増加分のほとんどが「アラブ人所有地に建設されていた[9]」。統計を見れば、ユダヤ人が作った新しい国は彼らが破壊したパレスチナ人コミュニティの跡地の上に作られたことが一目瞭然である。

◉一九四九年中頃、耕作地の三分の二は逃げ出したアラブ人の農地であった[10]。
◉一九五〇年には、ユダヤ人協同組合セツルメント所有地の四五%はアラブ人が避難のさいに残した土地か、またはアラブ人から没収した土地であった[11]。

◉一九四八〜五三年に建設されたユダヤ人セツルメントの九五%は不在者財産〔土地・家屋〕の上に作られた[12]。

◉一九五四年イスラエル・ユダヤ人の三分の一以上が不在者財産に住んでいた[13]。

◉一九五一年イスラエルのすべてのオリーブ園、及びほぼ一万エーカーのブドウ園の約九五%は、パレスチナ人から奪ったものであった[14]。

一九五〇年の不在者財産取得法は排他的なイスラエル土地体制が発展する基盤となった。それは「ユダヤ人国家に有利になるように不在地主パレスチナ人を恒久的に土地や家屋敷や工場や商店や農場などの財産から切り離すための、手の込んだ土地収奪メカニズム」開発の第一歩であった[15]。しかし、政府は真の意図を隠すのに必死であった。不在者財産取得法を議会に提出するにあたって財務相は、不用意な発言を慎むようにとクネセト議員たちに忠告した。「わが国はまだ小国だ。国内で起きていることや言われていることが外に漏れ、外国の注意を引くと、その影響は測り知れない」と言った[16]。不在者財産に関する政策情報の多くは極秘扱いとされた。「クネセト財務委員会が不在者財産に関する会議を開くときは秘密会議にされた。[17]」

不在者財産取得法は、パレスチナ難民が残した財産のすべてを不在者財産管理人のもとに置くと述べている。[訳註1] 当然のことだが、「この法律で最も重要なことは『不在者財産』の定義」であり、「その定義条項の中にこの法律が仕掛けた『罠』がある。[18]」イスラエル内に住んでいるが住居を変えたパレスチナ人（すなわち「存在する不在者」）からも財産を取り上げる文言になっているが、ユダヤ人は不在者定義から除外される。「一九四七年十一月から一九四八年九月までの間に出張や縁者訪問などで近隣諸国へ出かけた者も不在者とされた。[19]」

その結果、「都市部では不在者財産管理人がイスラエル最大の地主」となり、パレスチナ難民が残した不動産六万五〇〇〇件以上を所有し、賃貸しを行った。[20] 管理人の管轄下に置かれた農村部の土地は、政府統計によると、三二五ドナム（大ロンドン地区の二倍の大きさ）であった。[21]

一九五三年、管理人が所有する不在者財産は、一九五〇年に設立された開発局に委譲された。[22] 開発局は、次いで、その土地を国家とユダヤ民族基金（JNF）へ売却した（これに関しては本章後半で詳述する）。開発局設置について、JNF理事会の理事長は「一種の法的フィクション」と表現した。「不在者財産を直接国有化すると、財産強奪と解釈され、好ましくなかったからだ。[23]」そんな区別は被害者パレスチナ人にとって何の意味のないことは言うまでもない。

他にも土地略奪のための法律を作った。一九四九年の「緊急時における土地徴発法」もその一つである。これは文字通り「緊急時」に土地を取り上げる権限を政府に与える法律で、一九五三年までに千回以上行使された。「その半分以上は新移民のために入植地を確保する目的で行使された。[24]」他にも一九四八年から一九六六年までパレスチナ人だけに適用された軍政統治の間、様々な方法が使われた。例えば、〔英国統治時代の〕防衛法〔非常事態〕一二五条[訳註2]を適用してある地域を「立ち入り禁止区域」にする。次に、〔パレスチナ人が残した土地をイスラエル国家管理とする目的で〕一九五三年に制定した土地取得のための（各種法令と補償の有効性を定めた）法律を使って、農業省がその土地を「未耕作地」と宣言し、ユダヤ人の開拓用地にするという運びだ。シモン・ペレスはこの一二五条を「ユダヤ人移民とユダヤ人入植の闘いをどんどん進める」ために非常に有効な手段として称賛した。[25]

このように大量の土地の所有権を移転できる立法措置を一九五〇年代前半に完了させた後、イスラエルが次に目を付けたのは、イスラエル内に残ったパレスチナ人コミュニティから可能な限り多くの土地を取り上げる方法だった。その戦略の一つは、政府視察団を「パレスチナ人の村や町へ送り込み、法律によって不在者と規定できる人の所有地を見つけて、管理人の管轄下へ移転する」やり方であった。[26] ガリラヤ地方では、登記で所有をはっきりさせる戦略がとられた。それは、「登記になじみのないアラブ人地主が所有権を主張するのを防ぐ策略であった。[27]」一九五九年に、登記及び居住地に関する事業部の部長が言ったように、それは「アラブ人がとりわけ多数住んでいる地域、そのほとんどが国家に所有権がある土地に、〔ユダヤ人〕セツルメント建設の可能性を切り開くため」の戦略であった。[28] 当時JNF土地局の局長で、ガリラヤ地域の「土地設定委員会」の委員でもあったヨセフ・ワイツは、「この戦略の第一目的は土地に関する国家所有権を確実にし、第二に、ガリラヤをユダヤ化することである」と、一九五七年に述べている。[29]

パレスチナ人が土地所有権を主張すると、イスラエル当局は「あらゆる策略を使い、あの手この手で対応」した。例えば「アラブ人村の中にいくつか小さな国有地を設置する手も使った。[30]」村の中に国有地があること――「難民が残した土地を取り上げることから必然的に生じる現象である」――はパレスチナ人社会の「分断と断片化」を意味した。[31] 後に、イスラエル土地行政機構（Israel Land Administration: ILA）は、難民から没収した土地の一部を難民の親族に返す代わりに村の周囲にある農地を寄こせという交換を「提案した」。親族に土地を返還したとしても、多くの場合ILAは「返還地の所有権の一〇%〜一五%を保持したので、土地の支配と管理を維持できたのである。[32]」

このようにあの手この手で行われたパレスチナ人からの土地強奪は、一九五〇年代、一九六〇年代、一九七〇年代を通して猛烈に続いた。難民であろうとイスラエル国民であろうと、パレスチナ人が自分の土地を所有できるのは非常に困難であった。フセイン・アブ・フセインとフィオナ・マーケイは、「パレスチナ人社会が失った土地は、少なく見積もっても七〇%といっても過言ではない」と書いている。[33]イアン・ラスティック教授[訳注3]も一九八〇年の論文で、パレスチナ系国民の土地の六五〜七〇%が取り上げられたと書いている。[34]

一九六〇年、基本法‐国土法の成立で以てイスラエル土地体制が完成した。国土法成立と同時に、イスラエル土地行政機構（ILA）が設立され、国有地（JNFが所有する土地も含めて）行政がそこへ中央集権化された。ILAはイスラエルの土地の九三%を管理することとなった。（近年行われた土地改革については後述）この法律がクネセトに上程されているとき、当時宗教相でクネセトの憲法・法務・司法委員会の委員長であったゼ

写真1　二〇一一年七月二日、アル・ビルワ村難民と支援イスラエル人が、アル・ビルワ村跡地ツアー（ゾホロト・ツアー）を行っているところ。（ファディ・カナアン撮影）

ラー・ヴァールハフティグが次のように言った。

イスラエルの土地はイスラエル国民のものであることを明確にしたい。「イスラエル国民」というのは「シオン［イスラエル／パレスチナ］に住む人々」という概念よりも広い意味を持っている。何故なら、イスラエル国民は世界中に住んでいるからだ。(35)

最後に、パレスチナ人を土地から引き離す法律利用は、法の追加とか法の修正という形で、今もなお続いている。そのうち重要なのは二〇〇九年に施行された土地改革であるが、それについてはこの章で後述する。他にも法的策略がある。英国統治時代の一九四三年に発効された「公益のための土地取得法」を援用して、パレスチナ人の土地を没収、しかも「土地没収を必要とならしめる公的目的の提示」という取得法に盛り込まれている条件は、無視したのである。[36] そうやって取り上げた土地を国有地として確認する修正条項が、二〇一〇年十一月、クネセトを通過。しかも、その土地が没収の際に挙げた公益目的に使用されていない場合でも国有地とするという修正条項だった。

新法はアラブ人が没収された土地を取り戻す訴訟を防ぐ意図で作られた。統治時代の英国法援用による土地没収から二五年以上が経過、その土地の多くはＪＮＦなどのシオニスト団体を含む第三者に移っていた。[37]

砂漠を花園に――ベドウィン・パレスチナ人の追放（訳註4）

一九四八年以降イスラエル国となった領内に残ったパレスチナ人から土地を奪い、追い出す様々な施策の一つが、アッナカブ、つまりネゲヴのベドウィンの人々に対する格段に非情なやり方である。イスラエル建国〔パレスチナ人から見て「ナクバ」（破局）〕後、約一万一〇〇〇人のベドウィン・パレスチナ人が残った。英国統治期末期の人口と比べて僅か一五～二〇％にすぎなかった。[38]

この残ったベドウィンたちは、砂漠の小さな一画に作られた「スィヤグ」（「柵」「封鎖地」を意味する）と呼ばれる居留地に閉じ込められた。[39](訳註5) スィヤグの面積は「従来ベドウィンが独自の領域としていた地の一〇％にすぎない」ばかりでなく、そこにはすでに他の部族たちが暮らしていた。[40] 厳しい生活環境に加えて軍管理下に置かれ、「石やコンクリートで住居を作ることは一切不許可」で、しかも「部族たちはすぐに移動させられ」、「中には一年間に五〇回も居留地を変えさせられた部族もいる。[41]」

ベドウィン・パレスチナ人たちの所有に関する伝統的な考え方には、世界の多くの先住民と同じで、近代資本主義的所有権概念がなかったので、イスラエルは法的プロセスによるネゲヴ地域の土地没収がやり易かった。とりわけ役立ったのはオスマントルコ時代の土地法であった。(訳註6) それによって、ベドウィンの「土地を未開墾国有地と分類する」としたのであった。[42]

そのうえ、一九五三年の土地取得のための法律で以て、「一九五二年四月一日現在で人が不在の土地、耕作されていない土地」をすべて没収した。つまり、「その日以前にベドウィンのほとんどは強制的に自分たちの土地から立ち退きさせられていたので、例えばイスラエル法に基づいて登記を行い、所有を証明する書類があっても、その日にその地にいないことを理由に所有権を失った」のだ。[43] オレン・イフタヘル教授は、種々の法律や行政措置のために、一九四八年前のネゲヴのベドウィン・コミュニティは、「自分たちの土地財産の九五%以上を失った」と計算している。[44]

一九四八年以後に、かつてのベドウィン・パレスチナ人の土地に数十のユダヤ人コミュニティが建設された。このような先住民追放とユダヤ人セツルメント建設の並行関係は、一九四八年一月にJNFの役人ヨセフ・ヴァイッツが言った次の言葉によく表れている。

ヘブライの国は建国後最初の三年間に大規模なセツルメント建設戦略を実行しなければならない……ネゲヴ砂漠で……ネゲヴでなら我々の開発法律を直ちに実行に移せるであろう。その法律によって、入念な計画に基づいて、土地を手に入れるのだ。[45]

この土地収奪は数十年続き、現在に至っている。一九六〇年代には、「ベドウィン住民の居住区を含む、居住地域建設候補地の検討」のための省庁間委員会が作られた。[46] その目的は、「ベドウィン族をスィヤグ内部の数か所に封じ込め、ユダヤ人入植地と軍基地のために土地を空けること」であった。[47] 一九七九年、タイム誌は、「ベドウィンから土地三万七五〇〇エーカーを取り上げ」、ベドウィンを「新たに建設する予定の工業地区に強制移動させる」というイスラエル政府の計画を報じた。[48] その記事には、「ユダヤの良き土地と水をアラブ人には与えない」という高官の発言が引用された。当時のアラブ問題担当の首相補佐官が肩をすくめて、「やつらは住むところができるまでテントの中で重なり合って寝て待っておればよいのだ。やつらはそんな生活に慣れているはずだ」と言ったことも報道された。

イスラエルが使ったもう一つの手口は、いわゆるグリーン・パトロールである。これは一種の準軍部隊で、一九七〇年代後半、自然保護局、JNF、土地行政機構、農業省の発案で生まれた。[49] 一九七七年、当時農業相だったアリエル・シャロンが、外国人のイスラエル国土所有を阻止するために「攻撃を開始する」と言った。[50] シャロンの農業相在任中にグリーン・パトロールは九〇〇のベドウィン集落を除去し、「ベドウィンが飼育するヤギの

写真2　ベドウィン・パレスチナ人の「非公認」村カシュム・ザーナン。背景に見えるのはイスラエルの都市ベエルシェバ（ベン・ホワイト撮影、2010年2月）

数を三分の一以上も減らした。[51]」一九八一年グリーン・パトロール報告書で、自然保護局長は「ベドウィンの生活は終わった」と書いた。[52] グリーン・パトロールは今も存在している。

本書を執筆している現在、ネタニヤフ政権は新しい計画発表の用意をしている。伝えられるところによると、三万〜四万人のベドウィンの強制移動とユダヤ人居住地拡大を含む計画である。[53] どれだけのベドウィン集落を「非公認」とし、どれだけを「公認村」とするか、詳細ははっきりしていない。[訳註7] いずれにせよ、計画の背景にあるのはベドウィン「問題」を包括的に「片付けよう」という政府の希望である。ベドウィン

の人々の土地返還訴訟の大半を無効として退ける国家の意図が報道されているのは、その証拠の一つだろう。(54)

ネゲヴのベドウィンの土地返還要求「問題」に最終的にケリをつけたいという政府の希望の背後にある意図は見え見えである。あるベドウィン村に関する公文書には、「政府計画で立ち退き候補になっている土地は新しくユダヤ人住宅地域を作るために使用される」と、明確に書かれている。(55) ラマト・ネゲヴ地域委員会のシュムエル・リフマン委員長は次のように言った。「ベドウィンの定住を仕上げないと、ネゲヴへのユダヤ人入植を進めるのは困難だろう。ネゲヴに七万人のユダヤ人を入植させたいなら、この問題に取り組むべきだ。(56)」

存在する不在者

いわゆる「存在する不在者」とは、ナクバで家や故郷から追い出され、その後イスラエルとなった地にとどまってはいるが、土地や財産を失ったパレスチナ人のことである。内部追放された人々と言える。彼らは没収され国有化されたかつての我が家、かつての自分の土地の横を通る人々である。彼らも、イスラエルの外へ追われた難民が土地を奪われたのと同じメカニズムで土地や家を奪われた。それも、ちょっと用足しに家を離れただけで、しかも、何回も繰り返して言うが、イスラエル国民であるにもかかわらずにだ。一九五一年、「避難民が残した無人村は安全地帯と命名され、立ち入り禁止の法的措置が取られた。それは、ユダヤ人村へと転換するための経過措置であった。[57]」

「国内難民事例」で有名なのは、キリスト教徒パレスチナ人村カフル・ビリアムとイクリスのケースであろう。[58](訳註8) 一九四八年、両村の村人たちは「一時的措置」だと言われて、イスラエル軍によって強制立ち退きさせられた。しかし、数か月待ち、数年待っても、帰村が許されなかったので、パレスチナ人たちは司法に訴えた。イクリスの場合、裁判で係争中であったにもかかわらず、軍は村の住居を全部爆破した。カフル・ビリアムは国家安全保障上の理由に基づく「立ち入り禁止区域」に指定され、何人も特別許可がなければ入村できなくなった。もちろん軍が村人に許可など出すわけがなかった。次に一九五三年、財務省がカフル・ビリアムを、所有者が「放棄した」「未耕作地」と断定して、没収。軍が残っていた建物を全部破壊した。「両村の土地は没収、『国有地』と宣言、ユダヤ人の農業

写真3　2000年、サフーリーアのナクバ・デモ。（ベン・ホワイト撮影）

セツルメントや住宅セツルメントの借地に使用されている。[59]」

しかし、村人たちは降参しなかった。国際的支援を受け、様々な形の法廷闘争を続けた。補償の話が出たり、政府の委員会から妥協取引の提案があったけれども、パレスチナ系国民を元の村へ戻す意図はまったく見られなかった。二〇〇一年には治安閣議が招集され、二村返還否定が確認された。「居住地を離れたアラブ人が出す何千という帰還要求に関して先例を作ってはいけない」というのが理由であった。[60]

二〇〇三年、最高裁判所は政府の主張を認めた。当時の首相アリエル・シャロンの「国政上の理由」と称する宣誓口述書を妥当としたのだ。政府主張とは、「この請願を受け容れれば、国政は将来にわたって大きな影響を受けることになり、イスラエル国益が損なわれることになる。何故なら、故郷の村や町に戻りたいという同じような要求をしている国民が他にも二〇万人もいるからだ」というもの。[61]

イクリス村のパレスチナ人は、例えば子供たちを旧イクリス村へサマー・キャンプへ連れて行ったり、今も残っている教会で礼拝を行うなどして、自分たちの村との関係を保とうとしている。[62] こういう形の国家政策への抵抗は、草の根運動を統括する組織「国内難民権利擁護協会」（ADRID）がモデルとして全国的に推奨している。ナクバ追悼と存在する不在者の権利主張を掲げるデモも、この組織が企画したもので、今や恒例の年次行事となっている。この組織は、「イスラエル内難民の帰還要求を、全パレスチナ人の帰還を要求する国際的草の根運動の一部として、運動化する」目的で結成されたものである。[63]

ジアド・アワイシーの決意

ジアド・アワイシーは、サフーリーア村難民の息子として、一九七四年ナザレで生まれた。サフーリーア村はナザレから四マイルの距離である。一九四八年のナクバで民族浄化され、今やそこには植樹された松林とユダヤ人コミュニティ（ツィッポリ）がある。

「幼いときから自分がサフーリーア村出身だということを知っていました。四六時中聞かされていたからです――『お前はナザレの人間じゃない』とみんなから言われていました。年上のいとこ達もそればかり言っていたので、私は、それが意味していることを理解しないうちから、自分がサフーリーア村の出であることが分かっていました。」

ジアドは祖父母との語らいの中でサフーリーア村のことを聞いたと語る……「二人の話から、話すときの身振りや表情から、私は学んだのです。」思い出して心が痛むのは、今は亡き祖母に何度もサフーリーア村を見に行こうとせがんだことだという。「おばあちゃんはいつも、『もしあそこに行ったら、お前はあたしをあそこへ残してひとりで帰らなければならないよ』と言って、私の懇願を断ったのです。」

「成人したとき、私は、祖父母の想いを実感するだけでは不十分だと思うようになりました。ものごとの善悪、権力者と弱い立場の者などについて、もっと疑問を持ち……故郷の村のことだけでなく、生活のあらゆる面をその観点から見なければならないと思うようになりました。祖父母たちが体験したことを世界に伝える義務があると感じるようになりました——祖父母たちはナクバの重さに圧倒され、本来すべきことをできなかった……自分の息子や娘が餓死しないように、何とか生き長らえるようにする生活で精一杯だったから。第二世代の父母も、その点では祖父母と同じでした。生存と子育てに追われていましたから。彼らがしたくてもできなかったことを行うのは、第三世代の私たちの役割であり責任なのです。私たちがそれを自覚していることを、イスラエルは知るべきです。」

出典——Isabelle Humphries, 'Our Struggle is One and the Same', *Al Majdal*, honoring the Struggle for Justice & Dignity (Winter2007-Spring 2008)(訳註9)

アパルトヘイト行政

「国家」が国民すべての国というよりユダヤ民族の国と規定される脈絡の中では、土地の「国家」所有はかなり特殊な意味を持つ。(64)

イスラエル内の土地の九〇%以上が国有、またはユダヤ民族が利用できるように工夫されたメカニズムのもとにある。(65)

既に述べたように、イスラエルの土地体制は基本法-国土法およびその関連法の成立で以て、一九六〇年に基本的に完成した。そのときまでにJNF〔ユダヤ民族基金〕はイスラエル政府から「地主不在の土地」の約四〇%を「買い取る」などして、パレスチナ人の土地を多く手に入れていた。(66) 一九六〇年代に成立した法律群は「あるカテゴリの国民の利益のために行動する組織に……国内の全公共地管理・利用に関する大幅な権益を与える」ことによって、差別的「公共地行政」システムを構築したのである。(67)

JNFには「三原則的役割」があった。第一は「大地主」的役割、第二は「特殊任務」――性格上政府の仕事であるものを遂行する役割、第三は「イスラエルの土地管理・利用に関して政府と責務を共有する」役割。(68) 次に述べる新土地改革に着手する前、土地政策を協議・決定するイスラエル土地委員会(訳註10)〔Israel Lands Council〕の委員構成は、二二人のうち一〇人までがJNF推薦委員だった。JNF自身も国土の一三%を直接管理している。そのことで、JNFは「イスラエルの地を、その所有者――世界のユダヤ民族――に代わって管理する管財人」と自ら任じている。[69]

基本法―国土法が上程されているとき、宗教相でクネセトの憲法・法務・司法委員会の委員長は、「前にも言ったようにこの法案上程の理由は、本質的に宗教的な原理、つまり『土地は永久に売ってはならない。何故なら土地はわたしのものであるから』[訳註11]（レビ書二五：二三）に法律的外装を施すだけのことだ」と言った。[70] そこから六〇年ほど時間を早送りしても、その状況はまったく同じである。

イスラエルの土地所有者であることに関して言えば、JNFは、国民全体のために働く公共機関ではない。JNFが奉仕するのはユダヤ民族に対してであって、ユダヤ民族にのみJNFは責務を有するのである。JNF土地の所有者としてのJNFは国民すべてに対して平等に行動する義務を負っていない。[71]

ユダヤ機関（JA）もイスラエルのアパルトヘイト行政の一翼を担っている。とりわけイスラエルへの移民促進と入植地拡大にJAが深く関わってきた点にそれが見られる。JAは、政府との「親密な協力」のもとで、一九八〇年代初めまでに八〇〇か所を超える農業入植地を作った。(72) 移民や入植地というイスラエルにとって根源的に重要な問題でJAと政府が協働するという事実は、「論理上ではなく現実にユダヤ機関が一つの政府機構であることを表している。(73)」政府機構でありながら、「国民全体の奉仕者でなく、ユダヤ国民だけのために活動するのだ。さらに、

ユダヤ人以外の国民に関して、世界シオニスト機構〔WZO〕やユダヤ機関と同じような仕事をする政府機関や部局はない。だからイスラエルで新農業セツルメント開発事業と言えば、ユダヤ人入植地を意味するのである。(74)

政府官僚たちはJNFやJAがもたらしてくれる便益をよく知っている。一九八七年、法務長官(訳註12)は、外国生活からイスラエルへ帰還するユダヤ民族への支援活動を、「もしもユダヤ機関がすべてを取り仕切って全面的に行えば」、「国家が部分的または全面的に仕切っている金銭的支援のもとでは生じないような、大規模な国民差別が促進されるであろう」と述べた。(75) 二〇〇二年、当時財務部長だったシャイ・ヘルメシュは、JAのネゲヴ地域に「シオニスト多数派」を作り出す運動について、ネゲヴ入植計画の目的は、「WZOな

らユダヤ民族のためだけに行動できるのに、政府となるとイスラエル国民全体のために行動しなければならないという厄介な問題を避けるためである」と述べた。[76]

二〇〇九年八月、クネセトは新法イスラエル土地行政法を可決した。土地改革を狙ったこの法律の重点は民営化・私有化であった。これはネタニヤフ右派政権の経済的感性から出てくる当然の結果であり、旧システムが非効率で現代のイスラエル人の住宅ニーズに対応できていないというネオリベラル的観察の結果であった。この法の成立によってイスラエル土地行政機構〔ILA〕は解体、イスラエル土地管理局〔Israel Land Authority: 同じくILAと表記される〕として再出発し、二〇万エーカーの土地の私有化が許可されることになる[77]（二〇一四年までにその半分が私有化される）。

二〇一一年五月、この変化が一歩進み、影響を受けた土地総計はILA所有地の四%となった。[78]重要なことは、JNFが新設土地管理局の評議会議席一三議席のうち六議席を割り当てられ、依然としてその影響力を保持したことだ。[79]しかも同局の予算委員会の議長もJNF指名委員が担うことになった。

さらに、JNFは都市部の所有地と交換にネゲヴとガリラヤの広大な土地数千エーカーを取得する約束も成立させた。[80]この同意書には、土地管理局は「JNFの土地に関する原則を維持する形で」土地行政を行うという文言がある。(81) ＪＮＦのウェブサイトには、新土地改革の中でＪＮＦは「土地所有者――世界中のユダヤ民族――に代わってイスラエルの地を開発し続けることができる」と書かれている。(82) また、この土地改革は「ＪＮＦが潜在的に抱えている告訴脅威」――つまり、ＪＮＦの差別に対する法的挑戦――を解決してくれるとも書いている。この法的脅威というのは、ＪＮＦによれば、法務長官から発しているという。(訳註13)

パレスチナ人にとっては、ＪＮＦの立場だけが新土地改革の問題点ではない。私有化・民営化によって、「外へ追い出された難民と国内難民が持っていた土地の多く」と「パレスチナ系国民から押収したその他の土地」が、「新法のもとで売却され、将来返還請求する場合には手が届かない位置にいってしまう」恐れがある。(83)

土地を自由市場に委ねることを危険と考えるクネセト議員もいた。それで二〇一一年三月、「外国人への土地販売または所有権移転することを禁じる」修正条項が付け加えられた。(84) イスラエルはこの「外国人」の定義でかなり苦労した。「帰還法によってイスラエルへの移住資格のある者」、すなわちユダヤ人を「外国人」カテゴリーから明示的に除外しなければならなかったからだ。実は、修正条項を作らなくても、外国人がイスラエル内で土地を購入することを制限する法律はすでに存在していた。その法律どおりにいくと、外国に住むユダヤ人が稀にしか利用しない別荘をイスラエル内で買うことも禁じられるので、議員たちはその条項を削除し、ユダヤ人は外国人ではないことを明らかにするのに苦心惨憺した。

我らはわが国に敵対的な外国人による土地取得を防ぐために議論しているのであって、外国居住のユダヤ人がイスラエルにアパートメントを五つ購入するのを防ぐためではない。イスラエル移民計画があるユダヤ人とそういう計画がないユダヤ人を峻別することは不可能だし、そうするのはシオニズムの原則に反する。(85)

隔離計画

イスラエル建国後三〇年間でイスラエル内パレスチナ人は圧倒的に多くの土地を失った。イスラエル政府の土地没収とユダヤ化（第三章で扱う）政策がパレスチナ人国民を苦境に追い込み、苦境は今も悪化する一方である。一九四八年以降パレスチナ人マイノリティ国民の人口は六倍になったのに、彼らが使える土地は減少するばかりである。全人口の二〇%を占めるが、保有地は国土の約三・五%。[86](訳註14)過去六〇年間で、アラブ人市町村――パレスチナ人国民の九一%はアラブ人コミュニティに住んでいる――における建物密度は一二一六倍に増加した。[87]

一九四八年以降、一九六七年の六日戦争で占領地など「領土」を拡大する前のイスラエル国境内〔グリーンライン内〕で、七〇〇以上のユダヤ人コミュニティが建設された。しかし、パレスチナ系国民のための市町村は一つも建設されなかった。ネゲヴ砂漠に七二の居住区〔township〕が作られたが、これはただ、ベドウィン族を「収容する」ためのものだった。[88]これらはすべて、全国レベルでも地域レベルでも、差別的土地・住宅計画体制の結果である。

イスラエル内パレスチナ人の市町村の行政的管轄域はイスラエル国土の二・五%程度にすぎない。パレスチナ人の人口が七〇%以上を占めるガリラヤ地域でも、パレスチナ人自治体は同地域の一六%しか管轄していない。[89]このような「範囲の線引きを狭め」「行政管轄域を制限」したのは、「ユダヤ人入植地とその拡大のためのスペース」を確保するため

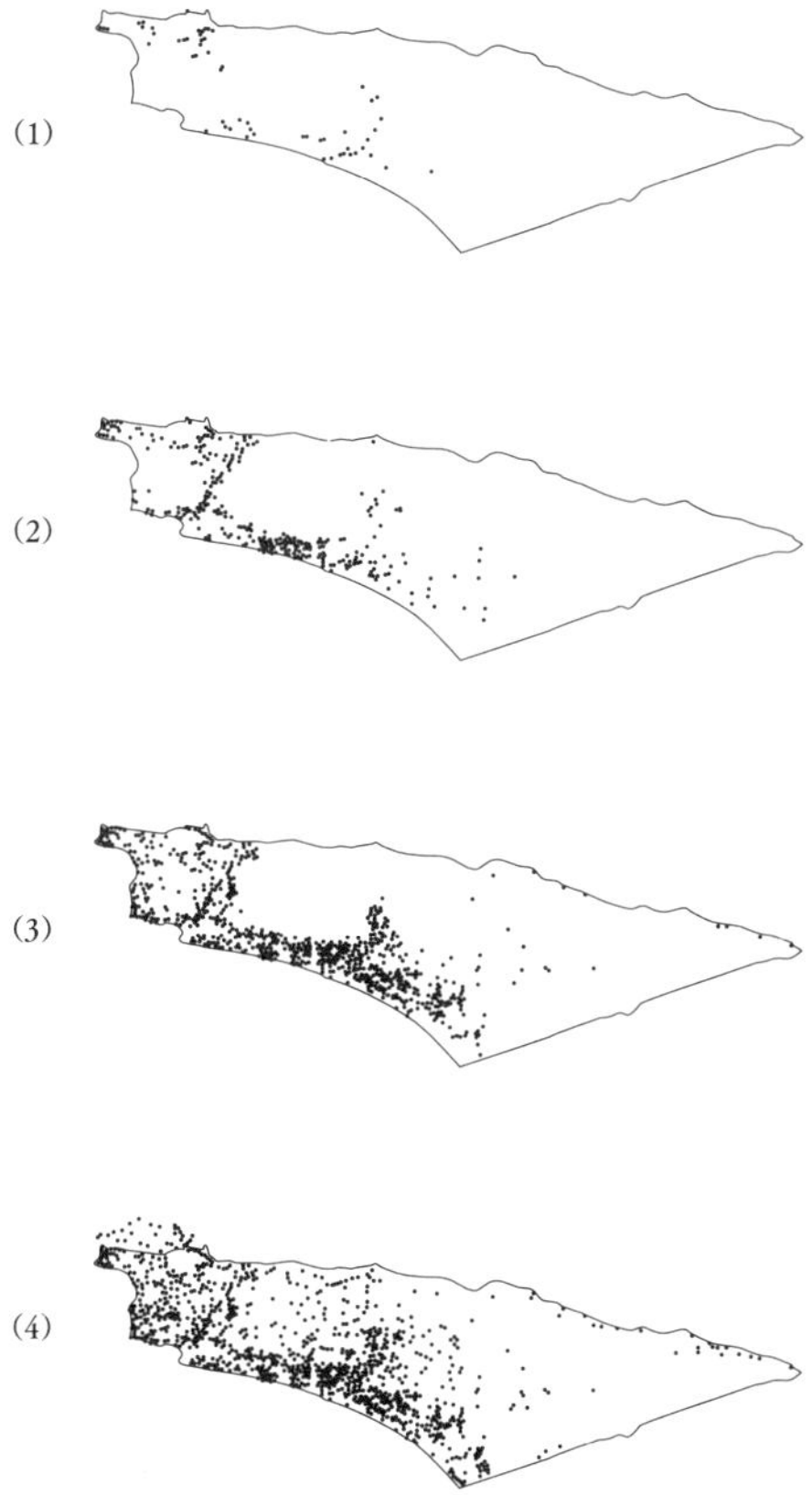

地図2　ユダヤ人口の推移。(1) 1918年、(2) 1948年、(3) 1967年、(4) 2000年。出典：arenaofspeculation.org, based on Malkit Shoshan, 'Atlas of the Conflict: Israel-Palestine'

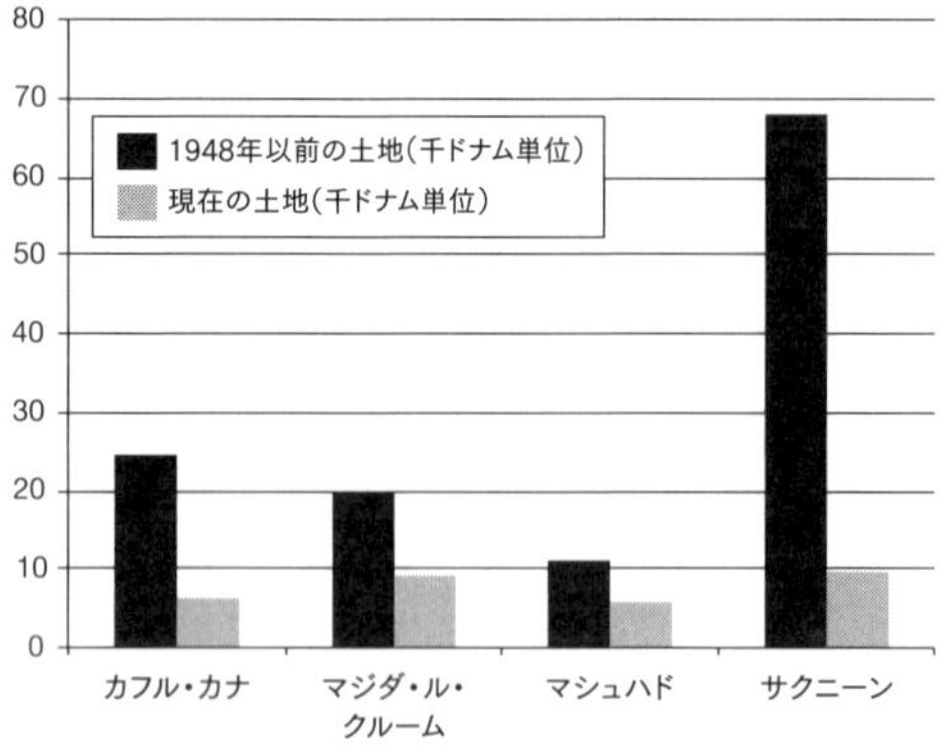

図2　イスラエル内アラブ人地区の土地減少推移（出典：David A. Wesley, *State Practices & Zionist Images: Shaping Economic Development in Arab Towns in Israel*, Berghahn Books: Oxford, 2006）

であった。[90] 例えばアラベ〔低ガリラヤのパレスチナ人村〕の村有地は三〇キロ平方メートルあるのに、管轄域は九キロ平方メートルに制限され、しかもイスラエル基本計画は開発可能区域を三キロ平方メートルと定めている。[91] キリスト教徒パレスチナ人が多いナザレでも、ユダヤ人が開発した町アッパー・ナザレ[訳註15]の行政管轄域は、人口二万五〇〇〇人に対し一万九二〇〇ドナムの広さなのに、パレスチナ人のナザレは人口六万五〇〇〇人に対し管轄域は一万二五〇〇ドナムである。[92]

パレスチナ人コミュニティがイスラエル「基本計画」の対象となっていないため――あるいは、不十分な旧基本計画で差別されているため――ユダヤ人コミュニティに比べて非常に不利な扱いを受けている。基本計画の中に入っていないと住宅建築許可が下りないのだ。二〇一〇年の調査によれば、「公営住宅や民間住宅の建設基本計画がない」パレスチナ人コミュニティは四つに一つ。[93] 基本計画なしで住宅を建てると「不法建築」となる。パレスチナ人は「不法建築」を余儀なくされ、そのため常に強制的家屋破壊の脅威にさらされている。(この点については本章内で後述)一九九〇年代の調査を見ると、ガリラヤでユダヤ人コミュニティ建設を計画・申請し、許可を得るまでには平均して七年かかっているが、パレスチナ人コミュニティの場合は平均二〇年かかったことが分かる。[94]

地域協議会〔regional council〕レベルではいっそう厳しい差別・隔離政策が実行されている。五三の地域協議会があるが、そのうち五〇がユダヤ人地域を含む地域協議会で、お馴染みの不平等土地配分パターンが繰り返されている。ネゲヴ地域を例にとると、ベドウィン・コミュニティ担当のアブ・バスマ地域協議会は三万人の住民人口に対して三万四〇〇〇ドナムの土地面積しか管轄していないのに、一方人口五九〇〇人のユダヤ人入植者のブナイ・シモン地域協議会は四五万ドナムの土地面積を管轄する。[95] これを平均的割合で示すと、アラブ人地域協議会では一人あたり一・一三ドナムの土地活用、ユダヤ人地域協議会では一人あたり七六・三ドナムの土地活用ができる仕組みになっている。

さらに、三つのパレスチナ人地域協議会には、「ユダヤ人地域協議会と異なり」、「領土的連続性」がない。[96] つまり、「コミュニティの中にバラバラに散在する村の土地だけを地域協議会の管轄地とし、村と村の間の土地はすべて隣接するユダヤ人地域協議会のものなのだ。[97]」ガリラヤでもこのような断片化が顕著で、それが「イスラエルの建築計画政策の特徴」で、その狙いは「ユダヤ人の土地および資源支配を最大にし、ユダヤ人の独占に対するアラブ人の抵抗力を弱める」ことである。[98]

ミスガヴ地域協議会が典型例であろう。(第三章の「ユダヤ化」セクションを参照)同協議会は一九八〇年代に作られたが、「ユダヤ人入植地を入れ、アラブ人村を極力外すようにしたため、地理的に異常な形となった。」その結果として、「この地方における機能的・社会的差別パターンが強固になり、公共サービスのほぼすべてが民族を基盤に分配提供されるのだ。[99]」ミスガヴの住民自身も、自分たちの居住地域が「通常の意味での地域開発計画でできたのでなく」、「イスラエル国土を守るための戦略的計画」の結果であることを、よく認識している。[100]

こういう土地開発パターンの特徴は全国レベルでも見られる。二〇〇一年、建設計画北

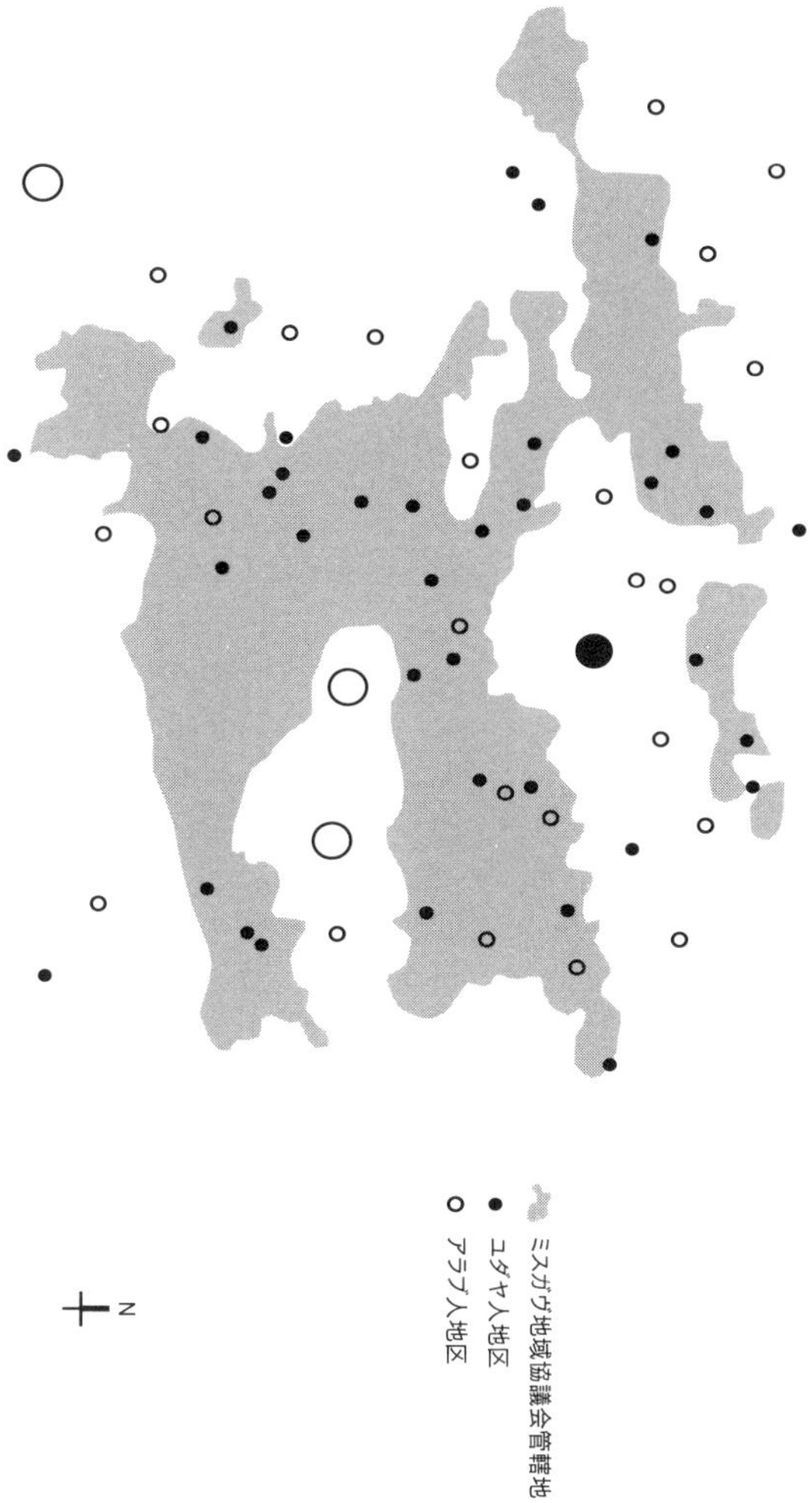

地図3　ミスガヴ地域協議会
出典：arenaofspeculation.org, based on Misgav Council website, http//www.misgav.org.il/e/49/

部地区委員会〔the Northern District Committee for Planning and Building〕は北部地区開発計画の修正案を提起した。一九八〇年代、この計画の最初の目標は「国土の維持とガリラヤのユダヤ化」であった。計画修正案は解決すべき「問題」として三点を指摘した。(一)「北部地区はユダヤ人が少ないこと」、(二)「アラブ人町村に地理的繫がりがあって、連続性を保持していること」、(三)「北部地区の土地と不法建築をきちんと統制すること」――これは、言うまでもなく、北部地区のアラブ住民へ向けられたものである。(101)

一九九九年の同計画でも、北部地区のパレスチナ人住民人口が全体の半分を占めているのに彼らの土地が全体の六%しかないにもかかわらず、「アラブ人住民のための土地が少なすぎる」という事実すら認めなかった。それどころか、農村地区ではユダヤ人が人口の三二%を構成しているのに、遊休地の一六%しか所有していないということに注目しなければならない、と特筆したのである。(102)

非公認村

あらゆる意味において、イスラエルの「非公認村」現象は、パレスチナ人国民が「イスラエル国の地図からかき消される」という、完ぺきな一つの小宇宙である。イスラエル全土に見られるが、とりわけネゲヴ地域に多く、約九万人のパレスチナ系国民が四〇の非公認村で暮らしている。当局はそれらの村を「公認」する気は毛頭なく、住民たちは「居住権も公共サービスもない中で」暮らしている。[103] 建築関係法律と土地に関する行政的経過を巧みに操作して、当局は「それらの村落が存在していないかのように見て、それらを農地または森林と分類し、そこある住宅を不法建築だとするのである。[104]」

辛うじて公認をかちとった村はごく少数で、大部分は家屋解体の脅威にさらされながら、基本的公共サービスや公共インフラへのアクセスを拒否されたまま、不便な生活を余儀なくされている。政府の言い分は、非公認村を公認化すると公共サービスなどの提供の拡大を意味し、遠隔地の小さな村をそのように扱うことは実際的に不可能だというもの。例えば、二〇一〇年の新聞取材に対して、「ベドウィン定住化計画局」[訳註16]〔Authority for the Regulation of Bedouin Settlements〕の折衝部長は、「村の人口が大きい場合は公認するが、四〇〇〜

五〇〇人のような少ない人口では公認できない」と語った。[105]

もちろん、ユダヤ人コミュニティを除いては、である。一九九〇年代のイスラエルには人口一〇〇人以下の公認村が五三村――そのうち五一村がユダヤ人村――もあり、人口五〇〇人以下の公認コミュニティは七〇〇以上、その九九％はユダヤ人コミュニティであった。[106] 数十世帯から成る入植地、あるいはたった一世帯の家庭農業セツルメントでも、ユダヤ人である限り、問題なしである。ところが、数百人規模のベドウィン村は「コミュニティとして公認し難い」のである。このやり方は西岸地区で繰り返されているパターンとそっくりである。西岸地区では、小さなユダヤ人入植地には電気・ガス・上下水道などの公共サービスや道路などのインフラが整備されているのに対し、パレスチナ人の村や家屋は立ち退きや解体の脅威にさらされているのだ。

この数年間アル・アラキブ非公認村が住民闘争のシンボルとして注目されている。他のベドウィン・パレスチナ人と同じようにアラキブ村の住民たちは、一九五一年、住居を追われ、「スィヤグ」に封じ込まれた。しかし、一九九〇年代になって家族たちは元の村へ戻り、家を建て、公認を求めて闘った。当局は反撃、当時の農業相の言葉を借りると、アラキブ村は「国土を守るために国家とＪＮＦ〔ユダヤ民族基金〕が展開する運動の標的となった。[107]」

二〇一〇年七月二十七日夜明け、イスラエル当局は「植林計画のための整地」と称して、アラキブ村へやってきた。

一三〇〇人もの警官が村の家屋を壊し始めた。その慌ただしい混乱の中で村人たちは家の中の品物を懸命に持ち出した。家屋破壊は一三時間続き、その間へリコプターが爆音を轟かせて上空を旋回していた。四五家屋が跡形もなく取り壊され、四五〇〇本のオリーブの木が引き抜かれた。[108]

その後も闘いは続き、村人は追い払われてもまた戻ってきて家を建てた。本書執筆時には、アル・アラキブ村は二〇回以上壊されていた。[訳註17] 壊されても、壊されても再建したのだ。二〇一〇年八月、エルサレム・ポスト紙の記者は「こんな状況をいつまでも続かせるわけにはいかない。それに、イスラエル社会の責任者たちがあの土地をユダヤ民族基金公団の建設用地に指定しているのだ」と書いた。[109] 最初の家屋解体執行の前日、ネタニヤフは、ネゲヴ砂漠に「ユダヤ人口多数にならない地域」の成立を認めることは、イスラエル国にとって「明白な脅威の」存在を作り出すことになる、と閣議で言った。[110]

ネゲヴ砂漠の北方、テルアビブから自動車ですぐのところ、ロッドとラムラの間に、非公認パレスチナ人村ダハマシュがある。[111] ダハマシュには少なくとも一九五一年以来住民がいたにもかかわらず、当局はそこを「住宅地として認めることを拒否」――付近の土地を区画整理で宅地としているのに――して、「舗装道路、上下水道、医療施設、幼稚園、学校などの公共サービス提供を拒否」してきた。しかも「当局はダハマシュの七〇戸の家のほぼ全部を『不法建築』として、一三戸に解体命令を出している」[112]。

ダハマシュの住民の中には、「一九四八年のナクバで強制立ち退きさせられ、その後も元の土地へ帰ることを禁じられたために、その土地の代償」としてダハマシュに土地を与えられて住んでいる人もいる。[113] こういうケースは他にもある。それでいて、当局は「ダハマシュを住宅建築ができる宅地に再区画する」ことを拒否しているのだ。ダハマシュに隣接する新宅地造成地を含むイスラエル中央部の町や地域は、元々は農業用地であった。しかし当局はユダヤ住民の住宅建築ができるように区画編成して、住宅地にしたのである。ダハマシュについては、中央も地方もそのような区画再編をしなかった。

ヒューマン・ライツ・ウォッチ[訳註18]の中東担当副理事の言葉を引用すると、「ダハマシュ村

写真4　ネゲヴ地域の非公認村アル・アラキブの破壊跡（2010年8月、アリエル・アーゾフ撮影）

写真5　アル・アラキブ村破壊跡2（2010年10月、アリエル・アーゾフ撮影）

六〇〇人の村人はまるで存在しないかのように扱われ、一方近隣のユダヤ人町は、ダハマシュ村人が自分の家や畑に行き来するのが困難になるような形で、どんどん開発・拡大されていく」のだ。[114] ダハマシュ村委員会のアラファト・イスマーイール委員長が「私たちはイスラエルの中心部にいるのに、そこには存在していないのだ」と、以前会ったとき私に語った。[115]「ラムラ市のヨエル・ラヴィ市長は、ダハマシュ村の〔代替え的区画整備〕計画を拒否した建設計画委員会の委員長でもあるが、彼は、二〇〇四年、イスラエル・テレビで、マッカビ地区はアラブ人居住を許さない。何故なら、パレスチナ系イスラエル人の居住を許せば、『人々〔ユダヤ人〕がそこに住むことを嫌い、今作成中の住宅企画の市場価値が損なわれるからだ』と語った。[116]」そのラヴィは、二〇〇六年に、ダハマシュ村について自分の考えを次のように語った。

ゴラン高原でイスラエル国防軍が使っているようなD10ブルドーザー二台と、治安確保のための国境警備兵二隊でダハマシュへ行き、一方から攻めて村を横断的に突き抜けてしまうのだ……ブルドーザーの爪の最初の一撃だけで、みんな家から逃げ出すだろう。どうってことはない。

アリ・アブ・スブイトー家の家屋破壊

二〇〇三年八月四日、イスラエル治安部隊が、未認可ベドウィン村の一つサアワで、夫アリ・アブと妻サラ夫婦と十三歳から生後六か月の子ども六人が住む、スブイトー一家の家屋を破壊した。

「朝七時頃に警察と国境警備隊が来ました。私たちはまだ眠っていました。ブルドーザー数台と二〇〇人ほどの部隊でした。彼らは男の私を後ろ手に縛り、妻と子どもたちとともに屋外へ放り出しました。何一つ持ち出す時間もくれませんでした。何人かの警官がそのあたりのものを放り出しましたが、私たちに必要なものはみんな家の中でした。それからブルドーザーで体当たりして、瞬く間に家を壊しました。何人かが、さあ片付いたと言わんばかりに、手を叩いて埃を払い、それからみんなさっさと立ち去りました。恐ろしい夜明けでした。

妻と子どもたちは泣くだけで、私もどうしたらよいか分からず、茫然としていました。」

「家を壊されたのはこれで二回目です。最初は一九九七年で、自分の手で壊しました。当局がやると、ブルドーザー使用料や解体工事費用を請求すると言われたからです……もうどこにも家を建てることはできないでしょう。いったいどこで暮らせというのでしょうか。一九九七年の家屋破壊の後は、私の母の実家で三年間ほど同居させてもらいましたが、家族が増えた今では、同居スペースはありません。この家を建てたのは一九九九年でしたが、またホームレスにされました。」

出典――Amnesty International (2004) 'Under the rubble: house demolition and destruction of land and property'

家屋解体

家屋解体を東エルサレムやヨルダン渓谷などの占領地の現象と言う人がいるが、パレスチナ人の家を破壊するのはイスラエル内で広範に見られる現象である。法的・行政的な理屈付けはいろいろ違いがあるが、戦略と目的は同じ。国民に対して、ユダヤ人国民だけを優遇するような異なる基準を適用して、パレスチナ人コミュニティが成長発展するのを防ぐことなのだ。

家屋解体は非公認村だけでなく、「合法的」なパレスチナ人村や町（そして、いわゆる「混在」地域）でも行われている。非公認村は、国家の目からみれば不法建築、あるいは法的に曖昧な建造物なので、解体の対象になり易い。統計を見ると、その規模の大きさが一目瞭然である。

◉一九八八年六月〜一九九〇年五月、ネゲヴ砂漠で五〇〇〇戸以上のベドウィン住居が破壊された(117)。

◉一九九三年〜一九九六年、ネゲヴ砂漠のベドウィン住居二〇〇〇戸以上が破壊された。[118]

◉二〇〇一年〜二〇〇八年、ベドウィン住居六〇〇〇戸以上が破壊された。[119]

このような多数の家屋解体が起きる原因は、そもそもパレスチナ人国民向けの住宅団地が非常に少ないため、やむなく自力で粗末な住まいを作らなければならないからである。例えば、一九七五〜二〇〇〇年にパレスチナ人国民向けに建てられた公営住宅は、全体の〇・三%にすぎない。[120] 住宅建設計画の見直しを求めるアラブセンター〔Arab Centre for Alternative Planning〕が二〇〇五〜〇九年に行った調査によれば、ＩＬＡ〔イスラエル土地行政機構〕はパレスチナ人国民が必要とする宅地の二一%しか供給しなかったのに対し、ユダヤ人国民にかんしては需要住宅地の六三%を供給したのである。[121] そのうえ、不法建築に対する法務あるいは行政執行にも差がある。例えば、一九九六年、「不法」住宅建設を行ったのはパレスチナ人国民が五七%、ユダヤ人国民が四三%であったが、解体されたのはパレスチナ人住宅が九〇%で、残るユダヤ人住宅は一〇%にすぎなかった。[122](訳註19)

しかも、家屋解体のスピードは速い。二〇〇九年パレスチナ人所有の建物一六五戸が破壊された。そのほとんどはネゲヴ地域の非公認村の家屋や建物であった。[123] 二〇一〇年十月

〜二〇一一年三月の六か月の間に、市民的平等を求めるネゲヴ共存フォーラム〔Negev Co-existence Forum For Civil Equality〕の記録によれば、三〇回の建物解体作戦が実行され、二〇戸を超える家屋と数十の建築物が破壊された。[124] 二〇一〇年には「当局はネゲヴ地域に散在するベドウィン・コミュニティにある不法建築を解体する速度を三倍に加速する」という決定が新聞に載った。[125]

イスラエル中央部にある「混住市」ロッドは、家屋解体の現実と差別的住宅建設計画の典型例となるだろう。周辺部の「非公認村」でないだけに、民族差の対照がはっきり見えるからだ。テルアビブから一〇マイルの位置にあるこの市では、「不法建築」と見なされる家屋が三〇〇〇戸あり、当局による解体の脅威にさらされている。市の全住宅数の一五%にあたり、そのうちの半分はパレスチナ人住居である。[126] 市当局は「無許可」を理由に取り壊すと言っているが、ヒューマン・ライツ・ウォッチは、「いくら許可申請しても市は拒否するだけではないか」と反論。[127] さらに、「イスラエル諜報機関職員の家やユダヤ教宗教学校……などの場合は、その場所が農業用地で不法建築であっても、それを宅地開発用地に再区画して、合法化する便宜を図る」し、「ユダヤ人国民を利する建物の建築は許可するが、その隣にあるアラブ人住居は解体する。それは明白な非ユダヤ人イスラエル人に対する差別であるが、当局はこのような処遇の違いに関して何ら説明していない」とヒューマン・ライツ・ウォッチ。

ハーニ・ハワージャの家屋破壊体験

ロッド市アラブ人地区の生涯居住者である五十四歳のハーニ・ハワージャは隣人仲間のハリール・アビ・シュハーダの助けを借りて、体験を語った。

「家一軒解体するには大金が必要です。約五〇万シェケル、ドルでいうと一五万ドルほどです。彼らは警官隊を連れてやってきました。私たちの地区に入る入り口二つを塞ぎました」とシュハーダ。「学校へも行けないし、病院にも行けないし、どこへも行くことができません。午前四時半に、彼らは私たちの地区を事実上封鎖したのです。警官が、馬に乗ったり、警察車両に乗ったり、歩いていたり、いたるところにいました。空にはヘリコプターが飛び回っていました。警官の数は二五〇人ぐらい。」

「みんな――隣人やその子供たち――は家具や大事なものを家から運び出そうと懸命でした。しかし、警官たちは力ずくでみんなを抑えました」とシュハーダ。「家具や大事なものが入ったまま、丸ごと家を壊したのです。通学鞄も、教科書も、何もかもいっしょに！　冷蔵庫もです。そう、何もかもすべてを破壊したのです！」

出典――Mary Slosson, 'Arab in Israel: two stories from Lod', *Neon Tommy*, 28 April 2011.

受け入れ委員会(訳註20)

最近までイスラエルの小さなコミュニティのいわゆる受け入れ委員会〔admissions committees〕にはあまり注意が払われることはなかった。受け入れ委員会がパレスチナ系国民の排除・隔離と農地のユダヤ人支配の重要なツールであるにもかかわらず。イスラエル内のすべてのコミュニティの約七〇%——農村コミュニティの八五%——で、受け入れ委員会が、誰を居住者として受け入れるか受け入れないかの基準を作り、「選別フィルター」の役割を果たしてきた。(128) しかもこれらのコミュニティは、イスラエル国土の八〇%を管轄する五二の地域協議会の管轄下に入っている。言い換えると、コミュニティの受け入れ委員会は、僅かな人間——人口の約五%の人間——が非常に大きな範囲の土地の支配権を行使する仕組みでもある。

ネタニヤフ/リーベルマン連立政権が受け入れ委員会の役割に法的権限を与える法律を通過させたことが契機となって、その存在が内外に知られるようになった。しかし、同委員会の「選別フィルター」システムはすでに数十年間続いていたのである。二〇〇八年のヒューマン・ライツ・ウォッチ報告によれば、受け入れ委員会——あるいは「選別委員会」と呼ぶ方が相応しいが——は「五〇〇世帯以下の小コミュニティすべてで、誰を居住者とし誰を居住者としないかを決める」ものと書いている。[129]

選別基準は「小さなコミュニティの社会生活に適応できるかどうか」という曖昧なものである。申請者は「当該コミュニティの生活に適応できるかどうか、専門研究所で審査を受け、その診断書を提出」しなければならない。この選別委員会は中央政府とコミュニティの代表およびユダヤ機関とシオニスト機構の高官から構成されている。ユダヤ人農村社会からアラブ人を排除するために委員会が使用されていることは有名である。

バーナード・アヴィシャイ著『ヘブライ共和国』〔*The Hebrew Republic*〕の中で、ユダヤ機関の元教育部長ダヴィド・ハルマンは委員会の働きについて率直に語り、アヴィシャイが「アラブ人も住宅建設計画に入れてもらえるのか」と質問すると、ハルマンが「申請するだけ無駄だよ」と答えている場面がある。[130]

一九九七年、パレスチナ人国民アアデル・スアードは、ミスガヴ地方議会建設計画委員会の高官から、同じようなことを言われた。「無駄なことをやめよ。申請しても三〇年間待たされるだけだ。[131]」

この差別立法について述べる前に、受け入れ委員会の排外的機能を法制化しようという試みが前々からあったことを指摘しておく方がよいだろう。二〇〇二年七月、アリエル・シャロンが首相であったとき、イスラエル閣議は、「国土に建設されたユダヤ人コミュニティで、パレスチナ系国民が住宅を購入することを禁じる」法案を議会に提出することを、一七対二で可決した。[132](訳註21) こういう法制化運動が起きたのは、二〇〇〇年に最高裁がアラブ系国民の排除は差別だとする判決を出したことから生じた脅威に対処するためであった。(訳註22) アーデル・カアダンというパレスチナ人国民が、不衛生で子どもの教育に悪い「ゲットー」を逃れて、カツィール(訳註23)に移り住みたいと申請したが、受け入れ委員会から拒否された。彼は法廷闘争に打って出た。その結果最高裁は、受け入れ委員会の拒否が不当な民族差別に当たると裁定したのである。もっとも、同時に裁判所は「国土の多くの地をユダヤ化する」という政府政策については、その必要を認めた。数日後、圧倒的多数の閣議決議にもかかわらず、政府は「法案を廃案とする」ことを決定、議会で大論争になる前に撤回した。[133]

しかし、このような倫理的ためらいのようなものは、ネタニヤフ／リーベルマン内閣には微塵もなかった。彼らは受け入れ委員会に関する法案の新たな導入に着手した。二〇〇九年十二月、「ガリラヤ地方とネゲヴ地方の各受け入れ委員会に居住希望者審査権限を付与する」という法務に関する閣議委員会の決定は、クネセトの予備投票(訳註24)で圧倒的多数で通過した。(134) 法案提出者も支持者もその意図をはっきり認識していた。ダヴィド・ロテム議員は「イスラエルをユダヤ人国にすることを望んだからといって非難されるいわれはない」と言い、イスラエル・ハッソン議員は、法案の目的は「シオニズムの夢を達成する能力を維持する」ことだと言った。(135) ダニー・アヤロン副外相も、次のように言って、法案を擁護した。「土地征服は今なおシオニズムと国家にとって重要な課題である。だから土地を奪い独占することを恥じてはいけない。(136)」

こういう意見は、クネセト審議中、けっして特殊な少数意見ではなかった。二〇一〇年一月、ロテム議員は「私が思うに、ユダヤ人町に一人ぐらいアラブ人を住ませていいのじゃないかな。だって、もし土曜日に冷蔵庫が故障したらどうすることもできなくなるから」と、演説の中に「ジョーク」を入れた。(137) 二〇一一年二月、法案共同提案者の一人シャイ・ヘルメシュ議員——一応「中道派」と名乗るカディマ党員——は「差別するわけではない……しかし、混住すべきではないと思う」と言った。(138) ロテム議員は「隔離すれど平等」を主張した。

最終的に可決された法案は、法適用コミュニティの数を減らし、差別禁止条項を挿入したものだった。しかし、その文言は意図的に曖昧で、実際上は、居住希望アラブ人国民は「社会的・文化的な適応能力の欠如」を理由に排除されるのが目に見えていた。しかも、法律は受け入れ委員会にユダヤ機関や世界シオニスト機構――ユダヤ人の特権性実現のために活動する二組織――代表が入ることを規定している。ヒューマン・ライツ・ウォッチはこの立法を「人種差別を公式に是認する典型例」と呼び、イスラエルの一〇の町のうち四までに「このような委員会を法律的に正当化」するのは「住宅政策にアパルトヘイト体制」を敷くことだと非難した。[139]

註

（1）'Israeli Arabs Grow Angry,' *United Press International*, 26 March 1980.

（2）Dan Rabinowitz and Khawla Abu-Baker, *Coffins on Our Shoulders: The Experience of the Palestinian Citizens of Israel*, Berkeley, CA: University of California Press, 2005, p. 7.

(3) Hussein and McKay, *Access Denied*, pp. 289-90.
(4) 例えば、Don Peretz, *Israel and the Palestine Arabs*, Washington DC: The Middle East Institute, 1958, p. 154 に引用されている *Ha'aretz*, 26 July 1949 の記事には「恥知らずにも町や村や農場などを略奪し、盗んだり不法に住み着いて懐を肥やしたのは無法な大衆ばかりでなく、知的階級の人々もいた」とある。
(5) Benny Morris, *Israel's Border Wars*, 1949-1956, Oxford: Oxford University Press, 1997, p. 118.
(6) Benvenisti, *Sacred Landscape*, p. 166.
(7) Tom Segev, *1949: The First Israelis*, New York: Henry Holt, 1998, p. 76.
(8) Noga Kadman, 'How Nakba villages sunk into Israeli landscape', *+972blog*, 16 May 2011, http://972mag.com/nakbaerased; キブツ運動とパレスチナ人土地没収については、Asa Winstanley, 'The Receiving End of our Dreams', New Left Project, 7 October 2010, www.newleftproject.org/Index.php/site/article_comments/the_receiving_end_of_our_dreams に詳しい。
(9) Benny Morris, *The Birth of the Palestinian Refugee Problem Revisted*, Cambridge: Cambridge University Press, 2004, p. 369.
(10) Benvenisti, *Sacred Landscape*, p. 164.
(11) Ibid., p. 182.
(12) Peretz, *Israel and the Palestine Arabs*, p. 143.
(13) Ibid., p. 143.
(14) Ibid., p. 146.
(15) Holzman-Gazit, *Land Exproproation in Israel*, p. 104.

(16) Segev, *1949: The First Israelis*, p. 81.

(17) Peretz, *Israel and the Palestine Arabs*, p. 142.

(18) Kretzmer, *The Legal Status of the Arabs in Israel*, p. 56.

(19) David A. Wesley, *State Practices & Zionist Images: Shaping Economic Development in Arab Towns in Israel*, Oxford: Berghahn Books, 2009, p. 110.

(20) Pertz, *Israel and the Palestine Arabs*, p. 162.

(21) Kretzmer, *The Legal Status of the Arabz in Israel*, p. 162.

(22) Ibid., p. 58; Wesley, *State Practices & Zionist Images*, p. 109.

(23) Wesley, *State Practices & Zionist Images*, p. 110.

(24) Hussein and McKay, *Access Denied*, p. 81.

(25) Davis, *Apartheid Israel*, p. 178.

(26) *Hussein and McKay*, *Access Denied*, p. 73.

(27) Alexandre Kedar, 'The Legal transformation of ethnic geography: Israeli law and the Palestinian landholder 1948–1967', *International Law and Politics*, Vol. 33: 923, 2001.

(28) Ibid.

(29) Ibid.

(30) Lustick, *Arabs in the Jewish State*, p. 176.

(31) Oren Yiftachel, 'The internal frontier: territorial control and ehnic relations in Israel', in Oren Yiftachel and Avinoam Meir (eds), *Ethnbic Frontiers and Peripheries: Landscapes of Development and Inequality in Israel*, Boulder, CO: Westview Press, 1998, pp. 39–67.

（32）Ibid.

（33）Hussein and McKay, *Access Denied*, p. 136.

（34）Lustick, *Arabs in the Jewish State*, p. 276, note 26.

（35）Davis, *Apartheid Israel*, p. 43.

（36）Hussein and McKay, *Access Denied*, p. 86.

（37）'New discriminatory laws and bills in Israel', *Adalah*, November 2010.

（38）Emanual Marx, *Bedouin of the Negev*, Manchester: Manchester University Press, 1967, pp. 10, 12.

（39）Monica Taraji, 'Planning Apartheid in the Naqab', in *Middle East Report*, Winter 2009, Number 253, pp. 32-36.

（40）Marx, *Bedouin of the Negev*, p. 14.

（41）Yiftachel, *Ethnocracy*, p. 197; Sabri Jiryis, *The Arabs in Israel*, New York: Monthly Review Press, 1976, p. 122.

（42）Safa Abu-Rabia, 'Memory, belonging and resistance: the struggle over place among the Bedouin-Arabs of the Naqab/Negev', in Tovi Fenster and Haim Yacobi（eds）, *Remembering, Forgetting and City Builders*, Farnham: Ashgate, 2010, pp. 65-84（71）.

（43）Ibid., p. 71.

（44）Yiftachel, *Ethnocracy*, p. 198.

（45）Ibid., p. 193.

（46）Tarazi, 'Planning Apartheid in the Naqab', p. 33.

（47）Ibid., p. 33.

(48) ‘Evicting the Bedouins’, *Time*, 6 August 1979.

(49) Alon Tal, *Pollution in a promised land: an environmental history of Israel*, Berkeley, CA: University of California Press, 2002, p. 258.

(50) *Jerusalem Post*, 8 August 1977, cited in Lustick, *Arabs in the Jewish State*, p. 258.

(51) Rebecca Manski, ‘Self-distraction from the environmental crisis: Bedouin vilified among top 10 environmental hazards in Israel’, *News From Within*, February 2006.

(52) ‘Israelis chase Bedouins from desert’, *Associated Press*, 29 December 1981.

(53) ‘Netanyahu’s office promoting plan to relocate 30,000 Bedouin’, *Ha’aretz*, 2 June 2011.

(54) ‘Natanyahu’s controversial plan to divide the Negev’, *Ynetnews.com*, 29 May 2011; ‘Vote on Bedouin housing postponed’, *Ynetnews.com*, 1 June 2011.

(55) ‘Jewish town to be built on Bedouin land under Negev relocation plan’, *Ha’aretz*, 3 June 2011.

(56) ‘Bedouins slated to get ownership of Negev lands’, *Ynetnews.com*, 10 March 2011.

(57) Hillel Cohen, ‘The State of Israel versus the Palestinian internal refugees’, in Nur Masalha, (ed.) *Catastrophe Remembered: Palestine, Israel and the Internal Refugees*, London: Zed Books, 2005, pp. 56–72 (63).

(58) Nur Masalha, ‘Present absentees and indigenous resistance’, in Nur Msalha, (ed.) *Catastrophe Remembered: Palestine, Israel and the Internal Refugees*, London: Zed Books, 2005, pp. 23–55 (36).

(59) Ibid., p. 37.

(60) ‘Cabinet rejects Biram and Ikrit villages plea to return’, *Ha’aretz*, 10 October 2001.

(61) ‘High Court rejects the right of Ikrit refugees to return home’, *Ha’aretz*, 26 July 2003.

（62）‘Raising a third generation on the uprooting of Ikrit’, *Ha’aretz*, 29 March 2005.

（63）Isabelle Humphries, ‘Israeli citizens ?: Palestinian displacement inside the Green Line’, *Labour Representation Committee*, March 2009.

（64）Hussein and McKay, *Access Denied*, p. 3.

（65）‘Plan to keep Israeli Arabs off some land is backed’, *New York Times*, 9 July 2002.

（66）Benvenisti, *Sacred Landscape*, p. 177.

（67）Hussein and McKay, *Access Denied*, p. 172.

（68）Ibid., pp. 151–3.

（69）JNF website, http://suport.inf.org/site/PageServer?pagename=Essence_of_Life

（70）Davis, *Apartheid Israel*, p. 57.

（71）‘Land controlled by Jewish National Fund for Jews only’, Adalah, 29 July 2007.

（72）Hussein and McKay, *Access Denied*, p. 189.

（73）Kretzmer, *The Legal Status of the Arabs in Israel*, p. 94.

（74）Ibid., p. 97.

（75）Ibid.

（76）‘Jewish Agency readies plan to foster a “Zionist majority”’, *Ha’aretz*, 28 October 2002.

（77）Ben White, ‘Real reform in Israel is a distant prospect’, *Guardian - Comment is free*, 27 September 2009.

（78）‘After years of planning, PM announces wide land reforms’, *Jerusalem Post*, 19 May 2011; Amotz Asa-El, ‘Natanyahu’s other crisis’, *Market Watch*, 20 May 2011.

(79) 'New Discriminatory Laws and Bills in Israel', *Adalah*.
(80) 'JNF's strange place in the sun', *Globes*, 28 March 2010.
(81) 'The New Israeli Land Reform', *Adalah's Newsletter*, Volume 63, August 2009.
(82) JNF website, www.jnf.org/about-jnf/news/Understanding_land_swap.html〔二〇一八年一月現在、閲覧不可〕
(83) 'New discriminatory laws and bills in Israel', *Adalah*.
(84) 'Foreign nationals limited from purchasing ownership of land', *Jerusalem Post*, 29 March 2011.
(85) 'Bill approved forbidding sale of land to foreigners', *Jerusalem Post*, 17 March 2011.
(86) 'UN CESCR Information Sheet No. 3: Land and Housing Rights - Palestinian Citizens of Israel', *Adalah*, 2003.
(87) Ibid.; Hussein and McKay, *Access Denied*, p. 8.
(88) アダラーの弁護士スハード・ビシャラが二〇一一年のイスラエル統計要覧を参照して提供してくれたデータ。
(89) 'UN CESCR Infromation Sheet No. 3: Land and Housing Rights - Palestinian Citizens of Israel', *Adalah*, 2003.
(90) Wesley, *State Practices & Zionist Images*, p. 130.
(91) Michal Schwartz, 'Still Landless in Zion', *Challenge*, Issue 90, March/April 2005.
(92) Hussein and McKay, *Access Denied*, p. 219.
(93) 'Israeli Arabs have no choice but to build illegally', *Ha'aretz*, 29 July 2010.
(94) Wesley, *State Practices & Zionist Images*, p. 35.

(95) ‘Off the Map’, *Human Rights Watch*, 2008.
(96) Ibid.
(97) Ibid.
(98) Yiftachel, ‘The Internal Frontier’, p. 54.
(99) Ibid., p. 60.
(100) ‘Equality and Integration of the Arab Citizens in the Misgav Region’, *Sikkuy - Missgav*, September 2001.
(101) ‘UN CESCR Information Sheet No.3: Land and Housing Rights - Palestinian Citizens of Israel’, Adalah, 2003.
(102) Hussein and McKay, *Access Denied*, p. 228.
(103) ‘Stop creating forests that are destroying Bedouin lives’, *Amnesty International*, 11 April 2011.
(104) Hussein and McKay, *Access Denied*, p. 259.
(105) ‘Getting onto the map’, *Jerusalem Post*, 5 November 2010.
(106) Hussein and McKay, *Access Denied*, p. 259.
(107) Noga Malkin, ‘Erasing links to the land in the Negev’, *Foreign Policy*, 11 March, 2011.
(108) ‘Arab Bedouin leader protesting home demolitions released from detention’, *Adalah*, 22 February 2011.
(109) ‘Peres calls for equality at Iftar dinner’, *Jerusalem Post*, 17 August 2010.
(110) Noga Malikin, ‘Erasing links to the land in the Negev’.
(111) Ben White, ‘Israel’s “law of citizenship” will have dire consequences’, *New Statesman* online, 19

October 2010.

(112) 'Israel: grant status long denied to Arab village in central Israel', *Human Rights Watch*, 8 October 2010.

(113) Ibid.

(114) Ibid.

(115) Ben White, 'Throughout Israel, Palestinians are being suffocated' *New Statesman* online, 5 August 2010.

(116) 'Israel: grant status long denied to Arab village in central Israel', *Human Rights Watch*.

(117) Hussein and McKay, *Access Denied*, p. 47.

(118) Ibid.

(119) Oren Yiftachel, '"Creeping apartheid" in Israel-Palestine', in *Middle East Report*, Winter 2009, Number 253.

(120) 'The equality index of Jewish and Arab citizens in Israel', *Sikkury*, 2009.

(121) 'During 2005 - 2009 the Israel Land Administration provided the Arabic community with on ly 21 % of its needed land for housing purposes', *The Arab Centre for Alternative Planning*, 18 March 2010.

(122) Hussein and McKay, *Access Denied*, p. 235.

(123) '165 Buildings Owened by Arabs Were Demolished in 2009', *The Arab Centre for Alternative Planning*, 21 January 2010.

(124) *Negev Coexistence Forum For Civil Equality*, Newsletter, May 2011.

(125) 'Israel to triple demolition rate for illegal Bedouin construction', *Ha'aretz*, 18 February 2010.

(126) 'Lod protesters call for housing dispute to be resolved', *Jerusalem Post*, 4 March 2011.

(127) 'Israel: stop discriminatory home demolitions', *Human Rights Watch*, 8 March 2011.

(128) *Adalah's Newsletter*, Volume 42, November 2007, www.Adalah.org/newsletter/eng/nov07/8.php〔二〇一八年一月現在、閲覧不可〕; 'There are now 695 communities in Israel where Arab ctitizens of the state are forbidden to live', *Adalah*, 4 November 2010.

(129) 'Off the Map', *Human Rights Watch*.

(130) Avishai, *The Hebrew Republic*, p. 3.

(131) 'Jewish town won't let Arab build on his own land', *Ha'aretz*, 14 December 2009.

(132) 'Plan to keep Israeli Arabs off some land is backed', *New York Times*, 9 July 2002.

(133) 'Israel Backs Off Bill to Curb Arab Home Buying', *New York Times*, 15 July 2002.

(134) 'Knesset approves preliminary vote on communities' admission policies', *Ynetnews.com*, 9 December 2009.

(135) Ibid.; 'Knesset Panel Okays Bill Aimed at Pro-Arab Court Ruling', *Israel National News*, 7 December 2009.

(136) 'MK Tibi: Arabs born here, some Jews fascists', *Ynetnews.com*, 22 December 2009.

(137) 'Knesset panel approves controversial bill allowing towns to reject residents', *Ha'aretz*, 27 January 2010.

(138) 'Can't we all just get along - separately ?' *Ha'aretz*, 24 February 2011.

(139) 'Israel: new laws marginalize Palestinians Arab citizens', *Human Rights Watch*, 30 March 2011;

'Plenum holds vote on controversial bills', *Jerusalem Post*, 23 March 2011; 'There are now 695 communities in Israel where Arab citizens of the state are forbidden to live', *Adalah*. 本書執筆中、いくつかの人権団体がこの法律に反対する陳情を最高裁に申し立て、現在審議中。

(訳註1) 国連のパレスチナ分割決議の一九四七年十一月二十九日から翌年九月一日まで、理由の如何を問わず一度でも居住地を離れた者は「不在者」と見做され、土地や家屋が没収される法律。他に、所有の証明ができない不動産やイスラム法で「神の所有」とされる福祉公共財のワクフ財も不在者財産とされ、没収された。

(訳註2) 「安全地帯法」とも呼ばれる。特別立法の形で発布され、毎年書き変えられている。ある区——もちろんパレスチナ人居住地区——を国務大臣の許可のない限り「立ち入り禁止」にする法律。

(訳註3) 一九四六生まれ。米国の政治学者で中東近代史専門。

(訳註4) シオニストは「荒地の緑地化、文明化」でパレスチナ奪取を合理化する。初代首相ベン゠グリオンはネゲヴ砂漠のセデ・ボケルというキブツに入って、「荒地と乾いた土地と砂漠に、時がきたら、きっと一面にサフランの花が咲くだろう」(イザヤ書)という預言を信じたといわれる。

(訳註5) イスラエル建国より前からネゲヴに暮らす遊牧民ベドウィンはシオニストによって電気やガスや上下水道もない「居住区」に定住化させられた。この残酷な仕打ちに反対するイスラエル人市民団体がベドウィンに水を届ける「コンボイ運動」を行っている光景が休日などに見られる。

（訳註6）一八五八年のオスマン帝国の土地法では、一〇年間続けて土地を管理利用してきた者は、一〇年の終わり（時効期限）にその土地を自分名義で登記する権利を有するとあるが、英国委任統治時代にはこの地域で登記事務が実行されていなかった。一九五八年、イスラエルは時効法を作り、時効期限を五〇年に引き伸ばし、土地の所有権を主張するためには五〇年間その土地を管理使用してきたことを証明しなければならなくなった。アラブ人から土地を奪い取るための新たなやり口であった。

（訳註7）例えば、エルサレムから死海方面へ一〇キロほど走ったところに、ハーン・アル・アフラム・ドウィン集落がある。一九五二年にイスラエル軍によってネゲヴ（アラブ名はアッナカブ）を追われたジャハリーン一族の子孫の村。最初彼らはアザリアへ移らされたが、イスラエルがマアレ・アドミーム入植地を建設するために、再び彼らをハーン・アル・アフラムへ強制移動させた。ところが、現在イスラエルはクファル・アドミーム入植地を拡大するために、彼らにヨルダン渓谷のヌエイマに移動せよと通達。今度はベドウィンは裁判や市民的不服従運動で闘い、「入植地に反対する青年」などの団体が支援している。フェイスブックなどでその闘いが毎日のように見られる。このような事例が無数にある。なお、一九五九年には大量のベドウィンがヨルダンとエジプトへ追放された。

（訳註8）「黒い九月」のミュンヘン・オリンピック村のイスラエル選手団襲撃の作戦名は「ビリアム・イクリス作戦」だった。当時のマスコミはこのテロ報道の中で、ビリアムとイクリス両村の復讐というゲリラの意図には一切触れなかった。

（訳註9）パレスチナ難民に関する年二回発行の雑誌。

（訳註10）建設相が議長を務め、総理府、イスラエル土地行政機構（ＩＬＡ）、財務省、国防省

などで構成される委員会。

（訳註11）実際のレビ書二五：二三の文言は「土地を売らねばならないときにも土地を買い戻す権利を放棄してはならない。土地はわたしだけのものであり、あなたたちはわたしの土地に寄留し、滞在するものにすぎない」。

（訳註12）法務大臣ではない。政府の法律顧問であると同時に、少なくとも建前上は、行政の司法への介入を防ぐ立場にもある。一九九三～一九九七年法務長官であったハエル・ベンニヤイルはイスラエルの西岸地区政策をアパルトヘイトだと批判した。

（訳註13）訳註12を見よ。

（訳註14）別な調査ではアラブ人口は七倍に増加、居住地が八四％削られた。アラブ人がユダヤ人の町に移住することを禁ずるのがシオニストの政策なので、アラブ人居住区の人口密度は異常に高い。*Challenge*, No. 75, Sep/Oct Issue, 2002.

（訳註15）一九五七年にアラブ人村を見下ろす位置に作られた町ナツラット・イリットのこと。

（訳註16）一九八七年に首相官邸内に設置された局。「定住化促進」の名目でベドウィンの土地を奪う計画。後に法制化。二〇〇三年にはシャロン・プランと呼ばれるネゲヴ開発五〇年計画、二〇一一年にはブラウアー計画、二〇一三年にはブラウアー・ベギン計画が国会に上程された。要するに「土地獲得」と「土地のユダヤ化」が目的。

（訳註17）翻訳時点ではアラキブ村は五四回破壊されている。

（訳註18）米国に本部がある国際的人権団体ＮＧＯ。

（訳註19）おそらくアラブ系ユダヤ人であろう。

（訳註20）二〇一一年三月の「受け入れ委員会」法成立で法的権限を持つようになったが、事実

上の活動はその前からあった。第一章訳註7を参照。

(訳註21) イスラエル「国土」というのは、二十一世紀初期の分類では、九三%がイスラエル土地管理局――前のイスラエル土地行政機構――の管轄地で、そのうち八〇%が国有地、残る一三%がユダヤ民族基金所有地。残る七%が私有地で、ユダヤ人とアラブ人は半々に所有。

(訳註22) 一九九五年パレスチナ系国民カアダン一家はカツィールというユダヤ人入植地に土地を購入したが、拒否され、裁判で闘った。ACRIの支援を受けて五年間法廷闘争を繰り広げ、裁判所は四対一でカアダン一家の主張を認め、勝訴した。但し、裁判所はカアダン一家の土地購入許可を「考慮せよ」と勧告しただけで、国は実行を先延ばしにする戦術で抵抗。なおこの判決は、二〇〇五年メナヘム・マズーズ法務長官の「ILAはユダヤ民族基金の土地をユダヤ人だけではなく、アラブ人にも平等に売らなければならない」という「歴史的」宣言の下地となった。もっとも、この宣言には、アラブ人に売った土地と同じ広さの土地をILAはユダヤ民族基金に補償するという補足がついている。

(訳註23) ユダヤ機関が周辺のアラブ人村を威圧し、ユダヤ化を推進する目的で作った入植村で、「監視場」(mizpim)と呼ばれた。しかし、カツィール内のユダヤ人女性がカアダン一家に入植地内を案内し、「ここはコスモポリタン村よ」と言って歓迎したことから、カアダンは「みんながみんな私に反対しているわけではない。人種差別するのは権力をもった上の人たちだ」と言った。

(訳註24) イスラエル国会審議は、法案は予備朗読、一次朗読、最終朗読と三段階で審議・決議される仕組み。

第三章　ユダヤ化と人口脅威

建国と同時に「ガリラヤ地方のユダヤ化」計画が始まり、さまざまに形を変えながら現在まで続いている(1)……

ヘブライ大学エルサレム校　ヒレル・コーエン教授

ユダヤ化計画は、イスラエルはユダヤ民族に、ユダヤ民族だけに「属する」領土であり国家であるというシオニズムの前提に駆り立てられて、推進されてきた(2)。

ベン＝グリオン大学　ハイム・ヤコビ博士

一九四七～四九年の民族浄化の嵐に耐えて、何とか新興ユダヤ人国の中に留まったパレスチナ人たちは、主にガリラヤ地方とネゲヴ地方に集中した。一九四八年以降この二地方は、不釣合いにパレスチナ人の数が多いこと、「空間的ユダヤ化」を推進する戦略目的の重点地区ということから、イスラエル国家にとってずっと「戦略上の懸念」であった。こういう全国的・地方的居住地建設計画政策の性格の根本には、ある種の地方では「間違った」国民が「余りにも多すぎる」という前提があった。その点で、それはイスラエルの慢性疾患というべき「人口脅威」談話と密接に関連している。「人口脅威」談話は、パレスチナ人マイノリティ国民に言及されるときお定まりのように使われる陳腐な慣用句で、政治家も一般ユダヤ人国民も日常的に口にする差別表現である。本章ではガリラヤ地方とネゲヴ地方のユダヤ化を考察するが、まずそういう政策をイスラエルで広く行き渡っている人口談話という文脈の中に入れて論じることから始める。(訳註1)

人口脅威

「人口脅威」を口にすること自体がまっとうではない。もし米国や欧州の国で「憂うべきユダヤ人口の自然増」と公言したらどういうことになるか、想像すればそれがよく分かるだろう。[3]

ユダヤ化の現実的政策の舵取り役は、パレスチナ人国民を「人口脅威」と見るイスラエルの主流談話である。民族・宗教的アイデンティティに基づいて国民の一部を「脅威」だと語るのはとんでもないことだが、パレスチナ／イスラエルにユダヤ人へゲモニーを創り出し維持するというシオニズム計画から見れば、論理的に一貫したことなのだ。この発想がイスラエルの政治的・軍事的権力構造で重要な役割を担っていることを示す例は、ヘルツェリア会議であろう。二〇〇〇年に第一回会議が開かれ、それ以降政界、軍隊、経済界、学界の要人や、国外のユダヤ人政治家や有名人などが集まる、恒例の年次会議となっている。二〇〇一年会議はユダヤ機関、国防省、国家安全保障会議などの機関が主催、参加した顔ぶれは「イスラエル権力構造の正真正銘の紳士録（政府、治安機関、学界、経済界、メディア界のエリート）を構成していると言ってよく、そのうえ米合衆国やその他の国の指導者も入っていた。[4]」

会議後発表された報告書は「イスラエルと周辺諸国、および関連地域における人口傾向は、ユダヤ民族のユダヤ国家というイスラエルの性格とアイデンティティにとって、厳しい脅威を投げかけている」と述べている。従って、ガリラヤ地方とネゲヴ地方のユダヤ化と、「イスラエル内アラブ人国民に全面的なイスラエル国民になるかパレスチナ国の国民になるかを選択させる」などの勧告が提起された。

この報告から一年半後、国民人口会議が「五年間休眠の後」開かれた。会議の任務は「イスラエルのユダヤ人的性格維持」政策のガイドラインを作成することであった。[5] 開会挨拶で労働・社会問題省のシュロモ・ベニズリ大臣は「たくさんの子どもに恵まれた美しいユダヤ人家庭」を描写し、次のように言った。

我々はこの国の多数派である。我々は我々のイメージとユダヤ人国家のイメージを保持する権利、そして、言うまでもないが、ユダヤ民族を存続させる権利を持っている。どの国も自国の特性を維持するのは絶対的な権利だ。[6]

もう一例は、二〇〇五年四月、国家安全保障会議が「イスラエルの人口状況改善計画を作成」したというレポートで、そこでは「その計画がアラブ系イスラエル人マイノリティの人口増加予想が発表された脈絡の中で作成された」というコメントがあった。[7]

だからイスラエルでは、民族的マイノリティ国民を国家の内在的「脅威」と見るのは主流で、国家公認の政治的見識なのだ。ベンヤミン・ネタニヤフは、財務相であった二〇〇三年、パレスチナ系国民を現実的「人口問題」を構成するものと呼んだ。[8] 二〇一〇年、クネセトの倫理委員会の委員長は、「ユダヤ人国民は見て見ぬふりをするのをやめ、イスラエル内アラブ人が我々の敵であることを、はっきりと認識すべきだ」と言った。[9] 同じ年、エルサレム市長ニール・バルカットは市内在住パレスチナ人を「戦略的脅威」と表現した。彼の前任市長エフド・オルメルトは、一九九八年、「非ユダヤ人口のユダヤ人口より急速な増加は大いに懸念すべきことだ」と記者団に語った。[10]

これは単なる言葉遣いの問題ではない。二〇〇二年、内務大臣は、「イスラエル国民との婚姻を通じてイスラエル国籍を取得するアラブ人の数を減らすために、法改正を行う方法を検討せよと、内務省法律顧問団に指示した。」ここでも、非ユダヤ人国民の数が増えれば「国家のユダヤ人的性格が危機にさらされる」という脅威が、立法の背景にあること

が分かる。[11]（第一章の「配偶者の引き離し」セクションを参照）

ハアレツ紙は「二〇〇四年にイスラエル・アラブ人の出生率低下」を報道。これは「育児手当など出産・子育て支援の削減」から生じた現象であった。ハアレツ紙は、手当削減は「人口問題が原因ではない」と書きながら、「内在的人口脅威の結果、イスラエル国はユダヤ人多数性を保持するために、出生率グラフを逆転させるのだ」という、財務省高官の発言を載せた。[12]

一週後ハアレツ紙は、育児手当削減は超正統派ユダヤ教徒を狙ったものでなく、アラブ人を狙ったものだと、政府高官が宗教シオニスト政党シャス指導者に説明していたことを報道した。[訳註2]その高官は、説明の後、シャス指導者に連立内閣に入るように説得を試みたという。[13]

軍事的あるいはユダヤ民族の存亡的観点から、パレスチナ人国民マイノリティが「人口脅威」となるとする談話もある。二〇〇六年のヘルツェリア会議で、イスラエル国防軍予備役准将は次のような警告を提起した。

このまま何もしないと、一九四七年国連分割案が、我々の目の前で、実体化される恐れがある。実際もうそれが始まっていると言ってよいだろう。レバノン－ガリラヤ－ジェニン三角地帯（パレスチナ住民が多く住む地域）を繋ぐコネクションが存在する。[14]

このような「第五列」という亡霊をまったく無神経に語る政治家たちもいる。副外務大臣にまで出世したことがあるダニー・アヤロンは、二〇〇八年九月の記者会見で、「北部地域でユダヤ人多数性」が欠如していることは、「アラブ人多数派」が「同地で独立を宣言」し、ついには「イスラエル国の解体」につながる危険の存在を意味するものだと語った。[15] 二〇一〇年八月の閣僚会議ではネタニヤフ首相が「ユダヤ人多数性がない地域に内在する明白な危機」を「バルカン半島の内戦」になぞらえて語った。[16]

日常的レイシズム

イスラエル社会にはもっと露骨な反アラブ人レイシズムがある。それは各種世論調査でも明らかだし、中央・地方の高官が嫌悪感に満ちた偏見発言を行ってもあまり非難されな

いことからも、明らかである。若干例示すると、

イスラエル国にはアラブ系国民がいる。これは我々にとって最悪の悲劇だ。

――安全保障大臣ギデオン・エズラ、二〇〇四年(17)

イスラムの連中、とりわけパレスチナ人とは、いったい何だ？　何か文化的退廃の一種か？　先天的欠陥をもつ種族か？　やつらの殺人狂劇はとても一般常識では説明できないものだ。

――副国防大臣ゼエブ・ボイム、二〇〇四年(18)

私は、控えめに言っても、愛国心を持たない国民［アラブ人］の拡大を防ぐのは国家の義務だと思う……このままだと、我々はガリラヤ地方を失うことになるだろう。混住させるべきでない住民の数があの地方でどんどん増えているからだ。

――住宅・建設大臣アリエル・アティアス、二〇〇九年(19)

ベドウィン族は獰猛なうえ、一夫多妻で、一家族子ども三〇人という多産な種族。イスラエル国土を盗み取って不法に居住地を拡大している。トイレの使い方も知らず、野外で糞尿を垂れ流す野蛮な文化だ。

——ベドウィン族教育局長モシェ・ショハット、二〇〇一年(20)

彼ら［ベドウィン族国民］を出身地国へ戻すような奨励策、何だったら金銭を与えてでも、アラブの地へ帰らせる政策を実行すべきだ。現在サウジアラビアにはたくさん土地があるし、リビアにも土地が豊富だ——多くの場所に多くの土地があるのだ。

——ヘブロンの主席ラビ、ラムラ市主催ラムラ会議で、二〇一一年(21)

ベエルシェバのソロカ病院の分娩室は後進的国民製造工場になってしまった。

——兵器開発局のイツハク・ラヴィド博士、ヘルツェリア会議で、二〇〇三年(22)

この市がユダヤ民族の市、シオニストの市ではなくなるという事態にならないうちに、市当局はこの侵入［アラブ人の混住］を防ぐ手を打つべきだ……私はレイシストではないし、これまで一度もレイシストであったことはない。しかし、市内の多くのユダヤ人家庭では娘がアラブ人と性的関係を持つようになるのではないかと心配している。

——アヴラハム・ママン議員、ナザレ・イリット〔アッパー・ナザレ〕、二〇〇四年(23)

我々はワディ・アラ地区(訳註3)をユダヤ化したい……国家はアラブ人が頭角を現すことがないように、この地をきちんと整頓すべきである。

——ニサム・ダハン(訳註4)、内務省任命の地方自治体担当責任者、二〇〇八年(24)

ユダヤ人とアラブ人の恋愛や結婚を防ぐ団体の活動を大目に見たり、奨励したりする公的機関の態度もある。(25) 二〇一一年には市会議員が主催する「ユダヤ人女性とアラブ人の交際」に反対する集会がアシュケロンで開かれた。(26) その前年にはペタハ・ティクヴァ市で、夜間パトロールしてアラブ人とユダヤ人のデートを発見したら別れさせる「タスクフォース」が結成された。(27)

この種の談話はクネセト内でも流布している。二〇一一年二月、国会女性向上委員会が、「異民族間結婚——とりわけユダヤ人女性とアラブ人男性の結婚——と闘う」必要に関する公聴会を開いた。[28] この公聴会で「証言した」女性は、「ユダヤ人女性とアラブ人男性の結婚は水と油の結婚のようなもの……メンタリティに乗り越えられない相違がある」と述べた。

世論調査では、ユダヤ・イスラエル人の間に深く根付いた反アラブ・レイシズムがあることが明らかになっている。二、三例示すると、

ユダヤ・イスラエル人の過半数がアラブ人との結婚を「国家への反逆」に等しいと思っている。[29]

ユダヤ・イスラエル人の七八%がアラブ人が政府に参加することに反対。[30]

ユダヤ・イスラエル人の六二%がパレスチナ系国民の国外移住促進政策を支持。[31]

ユダヤ・イスラエル人の三六%が非ユダヤ系国民の選挙権廃止に賛成。[32]

ガリラヤのユダヤ化

概して、アッパー・ナザレ〔ナザレ・イリット〕は、何らかの形でアラブ人住民から取り上げた土地に建てられた町で、元住民たちはまだその付近に住んでいる。つい先日も、元住民の一人がやってきて、新しいホテルが立っている土地の一八ドナムが自分の土地だと泣き叫ぶ場面があった。アッパー・ナザレ建設の背後にある思想は、ガリラヤのユダヤ化――つまり、アラブからユダヤの土地に変えることである。ユダヤのものになった土地は無人の地ではなく、アラブ人の耕作地であり、当然すべての土地には元所有者がいる。(33)

人口懸念、レイシズム、ユダヤ化政策の結合は、ケーニッグ・レポートと呼ばれる内部文書の漏えい事件でも明らかになった。これは、内務省高官イスラエル・ケーニッグが中心になって一九六七年に作成した、ガリラヤ地方の「人口問題」に焦点を当てた覚書である。当時それを報道したタイム誌の記事からの抜粋を紹介する。

秘密スパイの潜入。「負の」国民に対する実力行使。徹底的な就職差別。出国を迫る種々の嫌がらせや弾圧政策。これは東欧であった反ユダヤ人ポグロムとそっくりではないかと思うユダヤ人は多いだろう。実際、それらは、増加するアラブ人人口を抑えるためにイスラエル当局の公務員が提案した政策なのだ。[34]

ケーニッグは、「連続的広がりがあるアラブ住民居住地を、ユダヤ人入植地拡大・深化によって分断・縮小」すること、「アラブ人居住地のための『処女地開拓』を制限」することを提案した。[35] 極秘文書漏えいが巻き起こした大騒ぎのため、政界有力人物たちは覚書など見たことがないと距離を取ったが、当局による覚書否定広報活動は嘘が透けて見えるようで、まったく説得力がなかった。しかも、当時ナザレ市のパレスチナ人市長タウフィーク・ジヤードが「ケーニッグ提案の多くはすでに公式の政策となっている」と指摘したので、政府の嘘は見え見えであった。[36] そのうえ、ガリラヤの「ユダヤ人多数化」は「正当な目的」だという内務省高官の発言があり、「ガリラヤ地方選出の有力ユダヤ人政治家たち」が覚書提案の支持表明をし、さらに覚書共同執筆者がイツハク・ラビンによって「労働党アラブ人対策局の局長候補」に抜擢指名されるなど、政界上層部の内部的つながりを如実に見せる現象があった。[37]

「人口談話」とガリラヤのユダヤ化政策も直結している。「ガリラヤ地区ユダヤ化」を推進する種々の「スローガン」は「言葉遣い上の不都合」を招くので、労働党政府の広報担当者は「ガリラヤ地区の居住促進」とか「ガリラヤ地区の開発」など、「他の文言を婉曲的に代用する傾向があった。[38]」政権が変わっても「ガリラヤのユダヤ化とその維持という重大関心が今も続いている。」イスラエル人ジャーナリストのノアム・シェイザフが最近表現したように、「ユダヤ人ヘゲモニーの必要性はすべてのシオニスト政党が共通して抱いているもの」で、労働党とリーベルマンの間に違いはあっても、「人口脅威に取りつかれている点では同じである。[39]」

ユダヤ化運動の第一段階は標的になる地区のパレスチナ人〔非ユダヤ人〕の土地・建物など不動産の取り上げである。それを遂行する方法やそれを正当化する立法については第二章で述べた。一つ言及したいのは、大英帝国委任統治時代の「公益のための土地取得法」(一九四三年)の援用である。この法律はとりわけユダヤ化促進に援用されたという特徴がある。アッパー・ナザレ建設用地など、かなり重要な土地がこの法律の援用で没収された。[訳註5] ユダヤ化計画の第二段階は、単なる土地の取り上げだけでなく、パレスチナ人国民が多数住んでいる地域にユダヤ人コミュニティを作ることである。

アッパー・ナザレがその典型例である。一九五〇年代半ばに「公益」名目で土地没収を行ったイスラエル政府は、一九六七年以前の国境（グリーンライン）内で最大のパレスチナ系国民の市であるナザレを見下ろす丘陵地に、アッパー・ナザレを建設した。一九五三年、ある政府高官が、「ナザレの一部にユダヤ人の市を作るのはかなり困難な植民地化行為」かもしれないが、その事業の重要性は明らかだ、と率直な発言をした。(40) イスラエル国防軍開発計画部長は、アッパー・ナザレの役割は「ガリラヤ地方全体のユダヤ的性格を強調し、それを守る」ことだと言った。北部方面軍政府長官は、アッパー・ナザレ建設の最終目的は、急進派入植者を中核にして、その周囲にユダヤ人口を膨れ上がらせ、それを通じて「アラブ人市全体を呑み込んでしまう」ことであると説明した。(41)(訳註6)

アッパー・ナザレ建設一三周年記念冊子には、一九五七年に書かれた書簡が載っていた。当時の首相ベン＝グリオンの書簡で、「新しく建設された入植地はガリラヤ地方におけるユダヤ人プレゼンスを主張するユダヤ・タウンであるべきだ」という内容であった。(42) 一九六〇年代半ば、ある新聞記事が、アッパー・ナザレ建設は「アラブ人市ナザレにこれ見よがしにユダヤ人市を押し付ける政府のごり押し決定」と説明し、「その目的、根本的、第一義的目的、いやそれだけと言っていい目的は、ガリラヤ地方やナザレ市のアラブ人の自治性を『破壊』し、やがてはユダヤ人多数性を創り出すこと」であると書いた(43)。

現在アッパー・ナザレの人口は五万人で、市面積は四万二〇〇〇ドナム。一方丘の下のナザレ市人口は七万人で、市面積は一万四〇〇〇ドナム——人口密度四倍に追い詰められた(44)。皮肉なことに、その過密さのために、比較的裕福なパレスチナ人国民はアッパー・ナザレに移住せざるを得なくなった。このことが「ユダヤ化」強化運動にますます拍車をかけることになった。二〇〇九年六月アッパー・ナザレに新しくできた超正統派地区が「アラブ人の侵入と闘おう」という声明を出した(45)。その一か月後イェシャ・ラビ協議会(訳註7)の会長ドヴ・リオル・ラビが「アッパー・ナザレを『ユダヤ化する行動』に立ちトがれ」と一般市民に呼びかけた(46)。

シモン・ガプソは、本書執筆時に、アッパー・ナザレ市長であった。彼は数々のレイシズム発言をした人物であるが、そういう発言の背景にあるのが、右に述べた状況である。彼のアッパー・ナザレの「ユダヤ性」と「ユダヤ化」に関する公的発言を紹介すると、

私は民主主義的アッパー・ナザレに大賛成であるが、それは何よりもまずユダヤ人の

民主主義であるべき。(47)

黒を黒、白を白とありのままに言うべきときだ。一九五〇年代にベン゠グリオンやペレスがガリラヤ地方はユダヤ人のものであるべきと言ったように、我々もナザレ・イリット〔アッパー・ナザレ〕について同じことを言おう――ユダヤ的性格を保持しなければならない、と……つまり、人口状況の悪化にブレーキをかけることを第一目標に掲げるべき(48)……

アッパー・ナザレはユダヤ人の市で、そこにあるシンボルはすべてユダヤのシンボルであるべきだ。私の在任中は、非ユダヤ的シンボルを一切市内で使わせない。(49)(訳註8)

宗教生活をすることと挑発することとは異なるはずだ。私が言っているのは、モスクのあの騒音問題のことだ。(50)

ユダヤ人をガリラヤ地方へ入植・移住させる運動のもう一例は、一九七〇年代後半から始まったミツピム（「見張り」の意味）入植運動である。(訳註9) この運動の背後の「推進役」はユダヤ機関で、一九八〇年代末までに数十か所の入植地を作り上げた。(51) イスラエルのユダヤ機関はウェブサイトにその背景を率直に書いている。

ユダヤ人入植者があまり多くなかった北部地域にはマイノリティ国民アラブ人が多数住んでいた。このことへの不快感が長年表明されていた。それで、ついにメナヒム・ベギン第一次内閣が行動すべきときが来たと決心した。地政学的に優越とされる高地に、ミツピムと呼ばれる入植地群を建設する計画が作成された。(52)

これより前のユダヤ機関文書にも、「まだユダヤ人プレゼンスがない広い地域にユダヤ人農民入植地を配置する必要」を語る同じようなメッセージがあり、さらに、新入植地建設が「国土をアラブ人侵入者から守る」というメッセージもあった。(53) ごく最近、ユダヤ機関の丘陵地入植前哨地建設チームのメンバーが、その目的ははっきりしているとして、次のように言った。「国土をアラブ人に盗られないこと、アラブ人村を孤立させるように領土的連続性を断ち切るため、ガリラヤ地方にもっとユダヤ人を集めることが目的だ。(54)」

ミツピム運動のディスコースは、その名称の意味〔「見張り」〕や土地の「征服」と「救出」を強調することから分かるように、軍国主義と民族純血主義で形成され、その「作戦」の標的は、こともあろうに自国民——パレスチナ人——だった。この国家とユダヤ機関の共同運動を解説した文にも、同じような目的が述べられている。「隣接アラブ人社会の成長を阻害し」、「アラブ人居住地区の連続性を破る」ことだ、と。[55] 二〇〇四年、ミツピム運動の影響に関するハイファ大学の研究をハアレツ紙が報道した。「歯に衣を着せずに言えば、この研究で明らかになったのは、ミツピム・プロジェクトの基盤は民族差別、人口恐怖症、アラブ系国民を平等な国民と見ず国家への脅威だと考える偏狭な思想である。[56]」

ネゲヴ地方のユダヤ化

ネゲヴ地方などにおけるイスラエルの政策は「ユダヤ化」である。ユダヤ人以外は一人の存在も許さないという意味ではなく、ユダヤ人入植地を優先するという意味である。[57]

ベン＝グリオン大学　ヤーニー・ネヴォ教授

ネゲヴ砂漠は、アラビア語で「アッナカブ」と言い、いわゆる「開拓」、つまり「ユダヤ化」の標的として、ずっとイスラエル政府やユダヤ民族基金（ＪＮＦ）などの団体から狙われてきた。先住民ベドウィン・パレスチナ人の追放や強制立ち退き（第二章参照）と並行して、民間資源を活用したユダヤ人「移植」が行われた。二〇〇八年、ヒューマン・ライツ・ウォッチ報告は、ネゲヴ地方で「人種差別的、排他的、懲罰的政策」を行う「動機」が「政策文書や政治家の公的発言」の中で明瞭に表れている、と述べている。(58) イスラエル政府の目的は」「ネゲヴ地方の支配を最大限にし、戦略的、経済的、人口分布の理由で同地にユダヤ人口を増やす」ことで、「つまり非アラブ化したいのだ」と、ベン＝グリオン大学のオレン・イフタヘル教授は明確に述べている。(59)

二〇〇三年、当時の首相アリエル・シャロンは、主としてガリラヤとネゲヴに三〇か所の新しい町を建設する計画を発表した。(60)「占領地での入植活動」に投資してきた以上、「国内のガリラヤとネゲヴにも入植地を作ることは当然」とシャロンが判断したのは明白。当時の入植問題首相補佐官が「入植地建設で大切なことは、国家にとって重要な場所を選択することだ」、言い換えると、「ユダヤ人口が少ない地域に入植地を作り、それらを強化することだ」と、ラジオ放送で語った。(61)

その前年、一四か所の新コミュニティを建設するという別の計画に関し、シャロンは「早く入植地を建設しないと、他者に土地を盗られてしまうぞ」と閣議で発言した。(62)二〇〇五年シャロンのガザ入植地撤退に至る過程で、ジョージ・W・ブッシュ米大統領は、「〔ガザ〕撤退計画」に照らし、米国は、イスラエルが「ネゲヴとガリラヤに新しい機会を開くことの重要性を理解する、とシャロン宛の書簡に書いた。(63)米国ユダヤ人の新聞『フォワード』は、イスラエルがガザ撤退費用への援助を米国に求めていることを報道する記事で、米国はイスラエルの目的をよく理解していないようだが、ネゲヴとガリラヤに「ユダヤ人多数性を固める」ことが目的なのだ、と書いた。(64)

ネゲヴは古典的で生粋のシオニスト・フロンティア・ディスコースの場である。英国のJNFは「砂漠に生命をもたらすパイオニア活動」への支援を語り、イスラエルのJNFは「〔神がユダヤ人に約束した〕土地の救出と開拓」の中で「大きな役割を担っている」と誇らしげに語った。(65)シオニスト雑誌『ブナイブリト』〔「契約の子」〕は、「建国前にパレスチナへやってきた開拓者の多くが聖地をほぼ無人の地だと見做したのと同じように、ネゲヴは文字通りタブラ・ラサ〔白紙〕に近い」と書いた。[66] 土地の「救出」と「タブラ・ラサ」が結合して、ベドウィン・パレスチナ人国民を脅威と表現することになる。
二〇〇二年、当時の国土基盤相アヴィグドール・リーベルマンは次のように言った。
可能な限りあらゆる手段を使って彼らの国土侵略を止めなければならない――わが国土への非ユダヤ人の脅威に対処するために土地管理局に権力を戻すことが私の任務の一つだ。同時に、新居住入植地や家族農業入植地を建設しなければならない。そうしないと、ネゲヴを永遠に失うことになる。[67]
これは、ときにはもうすこし柔らかい表現が使われる場合もあるが、絶えず繰り返されるテーマである。アヴィシャイ・ブラヴェルマン（当時ベン＝グリオン大学長で、後に少数民族問題相になった）は、「シオニズムが原動力ならば、イスラエルがパレスチナ国家にならないように、南へ注意を向け、ネゲヴ地方に入植する必要がある」と、二〇〇四年に言った。[68] ネゲヴ「開発」の主要パートナー当局であるラマト・ハネゲヴ地域協議会〔訳註10〕のシュムエル・リフマン議長は、自分の目から見ると政府の動きは鈍いと不満を表明した。

「ユダヤ人入植者が杭を打ち込もうとすると、たちまちベドウィン連中が現れるのだ。[69]」アリエル・シャロンは、首相就任前に、次のような文書を公表した。

ネゲヴでは重大な問題がある。約九〇万ドナムの国土が我々のものでなく、ベドウィンのものになっているのだ……要するに人口現象の問題だ……ベドウィンがどんどん新しい土地を分捕り、わが国土を侵食しているのに、誰もそれに関して断固とした処置をしようとしないのだ。[70]

このように、ネゲヴでのユダヤ人コミュニティ新設が公然とベドウィンへの対抗措置に結びつけられることが多い。二〇〇四年、ハアレツ紙は、住宅省のチームが入植地建設計画を「ベドウィン社会の北上を防ぐためのもの」と表現したと報道した。[71] 内務省の会議でも「ベドウィンの拡大を防ぐ」ことが話し合われたが、そのとき「公的文書ではそういう表現を使わない」ことが決められた。官僚の一人は「大声で言えないこともあるさ」と言った。

政府のネゲヴ・ユダヤ化事業は他の関係団体、例えばユダヤ機関（JA）などと組んで進められている。この関係の歴史は古い。一九七〇年代半ばには、JAの土地開拓部役員が「村落……ユダヤ人だけの村落」を建設する「計画」を語っている。[72] それから三〇年後、JAは、ガリラヤとネゲヴの地に「シオニスト多数」を確保するためにユダヤ人三五万人の移住を「奨励する」計画を出した。[73] その数か月後、JA財務部長シャイ・ヘルメシュは、「シオニスト多数」確保運動がイスラエル北部と南部における「人口問題」と関連した運動であることを明らかにした。[74]

JAの他にもJNF〔ユダヤ民族基金〕もこれに関係する主要機関で、JNF議長は、二〇〇一年、ネゲヴ地方とガリラヤ地方で「未移住地がベドウィンによって占有されている」と、記者会見で語った。[75] 二〇一〇年、米国JNFの最高責任者ラッセル・ロビンソンは、「今後五年の間に五〇万人をネゲヴへ植民しなければ、ネゲヴを失うことになる」と懸念を表明した。[76] ネゲヴが誰に取られるかについては語らなかったが、その数年前に、このJNFの人口統計を「リメイクする」事業の影響について語ったときに、はっきりと、「ユダヤ人のネゲヴ入植で、ベドウィン族はある程度立ち退きしなければならなくなるであろう」と言った。[77]

JAやJNFだけではない。二〇〇九年、外務副大臣ダニー・アヤロンは、「辺境地入植」活動を推進する種々のNGOを統括する「新連合体」を立ち上げるための会議を、クネセト〔国会〕で開催した。[78] これらNGOの共通目的を強調するために、アヤロンは次のように言った。

ネゲヴとガリラヤをイスラエル国から引き離そうとする連中が国の内外にいる。両地域にユダヤ人多数を実現しないと、危険なことになる。そこに住んでいる連中が自治を要求するようになるからだ。

ネゲヴで使われている戦略がもう一つある。いわゆる「個人的入植地」〔individual settlements〕である。すでに五〇か所以上が作られ、八万ドナムの土地を不法占拠している。多くは「無許可」で、「建設計画法やそれに関連する規則に違反する入植地」である。[79] しかし、ハアレツ紙によると、それら違法入植世帯について、「国家は正式には認可をしていないものの、実質的には承認し支持している。その理由は、それらがネゲヴとガリラヤにおいて、それぞれベドウィン族とアラブ人の膨張に対する障壁を形成していると、国家が見做しているからである」。[80] 現実は、必ずしも国家が違法入植地を「正式には認可していない」というわけではない。一九九七年、首相府の事務局長だったアヴィグドール・リーベルマンは、「問題地域での個人的入植地建設を奨励する方針」の「目的」を「国土防衛のため」と説明した。(81) 首相府提出用草案には、個人的入植地の保護理由として、「人口問題」に対する一つの解決方法で、「国土を失わないようにするため」と書かれていた。(82)

最近の一〇年間「ベドウィンの膨張を阻止する」目標で進められている事業の一つに、「ワイン・ルート」と呼ばれるものがある。これは個人所有農場やキブツなど三〇か所以上をつなぐ観光ルートである。(訳註11) この事業を進める中で、違法入植地を遡って合法化したり、新入植地作りの準備をした。(83) 二〇一〇年十一月クネセトは、一九九一年のネゲヴ開発局法の修正条項を可決し、違法個人的入植地を合法と認め、入植地をもっと増やせるように個人的入植地への土地分配を正当と規定したのである。(84) ネヴェ・ゴルドン教授(訳註12)はイスラエルの明白な二重基準を強く批判した。

長年イスラエル当局は、ベドウィン族が広範囲にわたって散在する小さな四五の村で暮らしているため公共サービスや公共インフラの提供が困難だから、七万五〇〇〇人のベドウィンを巨大な居留地〔township〕に集める必要がある、と言ってきた。この論理がベドウィン村を非認可村とする政策の正当化に役立った。ところが、その同じ当局が、数千ドナム（一ドナムは約四分の一エーカー）にわたって広がり、一入植地に一世帯しか住んでいない、許可なく作られた多数の農業入植地に、合法だとする許可書を渡しているのだ。(85)

奨励金

さらにもう一つのユダヤ化政策は、イスラエル・ユダヤ人をネゲヴ砂漠とガリラヤ地域へ移住させるための奨励金だ。二〇〇三年、首相は復員兵に不動産賃貸料金を大幅に割引きする決定に署名した。(86) ハアレツ紙記者アキヴァ・エルダールの言葉を借りると、この「寛大な決定」の意図は「ネゲヴとガリラヤの国家的優先地域内に作った小コミュニティ群（一つのコミュニティには五〇〇戸数の住宅）への移住を奨励」することであった。エルダールは、「寛大な決定」による給付を受ける条件は「兵役一年間」にすぎないが、これほどまでに緩い条件は「微妙な地域の国土がアラブ人の手に渡らないことを確実にするため」と書いている。

二〇一〇年、政府はＩＤＦ〔イスラエル国防軍〕戦闘部隊員に「除隊のときに土地を分配する」計画を発表した。(87)

ガリラヤ地域、ネゲヴ砂漠、ヨルダン渓谷、ゴラン高原の土地が分配されるだろう――その結果、イスラエル・ユダヤ人がアラブ人口の多い地方農村へ移住することを奨励するという、問題の多い政策が続行され、それに応じる動きが起きてくるであろう。

同年中に、イスラエル閣議は、除隊兵が周辺部にある高等教育機関へ進学することを奨励する、奨学給付金を支給する法案を決議した。(88) このような、あれやこれやの政策や措置について、ネゲヴ砂漠・ガリラヤ地域開発省のアユーブ・カラ副大臣は、「これが人口統計を変化させるチャンスを提供する。こういう政策を推進しないと、わが国の周辺部はユダヤ人よりアラブ人の方が多い地域になってしまうだろう」と語った。(89)(訳註13)

小　括

ネゲヴとガリラヤのユダヤ化政策は、東エルサレムと西岸地区の植民地主義的占領と同じようなユダヤ民族優先パターンを辿った。「意識的に占領地とイスラエル・プロパーを区別しない」ユダヤ機関〔JA〕などの民族団体はもちろん、イスラエル政府当局も両者を連動させている。[90] 二〇〇六年、入植地に関する首相補佐官ウズィ・ケレンは、インタビューの中で、「西岸地区やガザ回廊の入植者に関心を持つと同時に、ゴラン高原、ガリラヤ地域、ネゲヴ砂漠のユダヤ人口増強にも強い関心を持っている」ことを強調、その理由として、彼の言葉を引用すると、「どちらも入植地作りだから」をあげた。[91] ケレンは、ガリラヤで「人口的に強力になる」ために「新入植地を建設する」というシャロンの政策を称賛した。

これは極右だけの政策ではなく、イスラエルの政治家が超党派的に追求する政策である。エフド・バラクは「ガリラヤ地域、ネゲヴ砂漠、その他の周辺部」の「開拓」を労働党の「最優先政策」だと宣言し、カディィマ党のヤーコブ・エドリは「ガリラヤ地域にユダヤ人口を増やすためにできることは何でもしなければならない」と言った。[92] リクード党のシルヴァン・シャロームは、ネゲヴ・ガリラヤ開発省大臣として、「二〇二〇年までにネゲヴ砂漠とガリラヤ地域にそれぞれ三〇万人のイスラエル・ユダヤ人を移住させたい」と発言、イスラエル・ベイテヌ党〔イスラエルわが家党〕のダニー・アヤロンは「現在最優先すべき事業はネゲヴとガリラヤのユダヤ化だ」と言った。[93]

一九六〇年代初期から九〇年代にかけ、ガリラヤ地域のユダヤ人口の割合は三倍以上も上昇した。[94] それでも、例えばアッパー・ナザレ市長など多くのユダヤ人にとって、まだ「人口脅威」は終わらなかった。「イスラエル国の計画では、二〇一〇年までに、ガリラヤ地区の人口の四五%がユダヤ人になるはずであった。しかし、我々ははまだ四〇%以下だ。政府が大量のユダヤ人を確実にこの地へ運んでこないと、我々はガリラヤを失うことになろう。[95]」このようなイスラエルの民族的・国家的体制の中核にある「場のユダヤ化」が、イスラエルのマイノリティ国民パレスチナ人が直面している現実である。[96]

註

(1) Hillel Cohen, *Good Arabs*, Berkeley, CA: University of California Press, 2010, p. 97.

(2) Haim Yacobi, *The Jewish-Arab City: Spatio-politics in a Mixed Community*, Abingdon: Routledge, 2009, p. 9.

(3) Gideon Levy, 'The threat of the "demographic threat"', *Ha'aretz*, 22 July 2007.

(4) 'The Herzliya Conference on the balance of national strength and security in Israel', *Journal of Palestine Studies*, XXXI, no. 1, 2001, pp. 50–61.

(5) Benizri reconvenes long-dormant council on demography today', *Ha'aretz*, 3 September 2002.

(6) 'Birth of a nation', *Ha'aretz*, 30 October 2002.

(7) 'Israel must remain Jewish', *Ynetnews.com*, 4 April 2005.

(8) 'Netanyahu: Israel's Arabs are the real demographic threat', *Ha'aretz*, 18 December 2003.

(9) 'Jews, Arabs Debate Internal Arab Threat and 2-State Solution', *Israel National News*, 17 May 2010.

(10) 'Jerusalem Mayor: Arab population in capital a strategic threat', Jerusalem Post, 13 January 2010; 'Report: Jerusalem's Arab population growing faster than its Jews', *Associated Press*, 10 June 1998.

(11) 'Yishai: Let's restrict citizenship for Arab spouses', *Ha'aretz*, 9 January 2002.

(12) 'Israeli Arab birthrate drops, first time in years', *Ha'aretz*, 24 January 2005.

(13) 'A more effective birth control', *Ha'aretz*, 1 February 2005.

(14) Brig. Gen. (res.) Eival Gilady, 'The Galilee as a challenge and national priority', Herzliya Conference, 23 January 2006.
(15) 'Danny Ayalon: Galilee Arabs are secessionist threat', *Ha'aretz*, 2 September 2008.
(16) 'Israel: Halt Demolitions of Bedouin Homes in Negev', *Human Rights Watch*, 1 August 2010.
(17) Jonathan Cook, *Blood and Religion*, London Pluto Press, 2006, p. 109.
(18) 'Boim: Is Palestinian terror caused by a generic defect ?' *Ha'aretz*, 24 February 2004.
(19) 'Housing Minister: spread of Arab population must be stopped', *Ha'aretz*, 2 July 2009.
(20) Tawfiq S. Rangwala, 'Inadequate housing, Israel, and the Bedouin of the Negev', *Osgoode Hall Law Journal*, Volume 42, Number 3, 2004.
(21) 'W. Bank rabbi: pay Beduin to move to Libya, Saudiarabia', *Jerusalem Post*, 26 April 2011.
(22) 'Lapid lambastes "barbaric" settlers', *Ha'aretz*, 19 December 2003.
(23) 'One gunman, many to blame', *Arab Association for Human Rights*, October 2005.
(24) *+972blog*, http://972mag.com/Israel-builds-town-to-ensure-the-arabs-wont-rear-their-heads
(25) 例えば、ユダヤ人と非ユダヤ人の接触を禁じ、ユダヤ人だけしか雇わない商店に「特別認定書」を出す運動をやっている極右団体レハヴァは、国家資金で活動している右派ＮＧＯと密接に繋がっている。'Rightists seek to reward firms that don't hire gentiles', *Ha'aretz*, 2 February 2011; 'A strange kind of mercy', *Ha'aretz*, 27 May 2011.
(26) 'Ashkelon rally targets Arabs who "seduce girls"', *Ynetnews.com*, 1 February 2011.
(27) *Coteret blog*, http://coteret.com/2010/02/24/tel-aviv-presents-municipal-program-to-prevent-arab-boys-from-dating-jewish-girls〔二〇一八年一月現在、閲覧不可〕

（28） 'MKs told more education is needed to combat intermarriage', *Jerusalem Post*, 11 February 2011.

（29） 'Marriage to an Arab is national treason', *Ynetnews.com*, 27 March 2007.

（30） The Guttman Center's Democracy Index for 2007.

（31） The Guttman Center's Democracy Index for 2006.

（32） 'Poll: 36% of Jews want to revoke Arabs' voting rights', *Ynetnews.com*, 15 October 2010.

（33） David A. Wesley, *Practices & Zionist Images: Shaping Economic Development in Arab Towns in Israel*, Oxford: Berghahn Books, 2009, p. 120.

（34） 'Israel: Pogrom at Home?' *Time*, 11 October 1976.

（35） Rhoda Ann Kanaaneh, *Birthing the nation: strategies of Palestinian women in Israel*, Berkeley, CA: University of California Press, 2002, p. 53.

（36） 'Israel: Pogrom at Home ?' *Time*.

（37） Ibid.; Ian Lustick, *Arabs in the Jewish State*, Austin, TX: University of Texas Press, 1980, p. 68.

（38） Lustick, *Arabs in the Jewish State*, p. 333.

（39） Promised Land blog, www.promisedlandblog.com/?p=2246

（40） Geremy Forman, 'Reapproaching the borders of Nazareth（1948–1956）', in Sandra Sufian and Mark LeVine（eds）, *Reapproaching borders: new perspectives on the study of Israel-Palestine*, Lanham, MD: Rowman & Littlefield Publishers, 2007, pp. 67–94（82）.

（41） Ibid., p. 84.

（42） Dan Rabinowitz, 'The Frontiers of Urban Mix: Palestinians, Israelis, and Settlement Space', in Oren Yiftachel and Avinoam Meir（eds）, *Ethnic Frontiers and Peripheries: Landscapes of Development and Inequality in Israel*, Boulder, CO: Westview Press, 1998, pp. 69–85 (71).

(43) Wesley, *State Practices and Zionist Images*, p. 29.

(44) Laurie King-Irani, 'A nixed, not mixed, city: mapping obstacles to democracy in the Nazareth/Natzerat Illit conurbation', in Daniel Monterescu and Dan Rabinowitz (eds), *Mixed Towns, Trapped Communities: Historical Narratives, Spatial Dynamics, Gender Relations and Cultural Encounters in Palestinian-Israeli Towns*, Aldershot: Ashgate, 2007, pp. 179–200 (180).

(45) 'Natzrat Illit to build Chareidi neighborhood to counter Arabs moving in', *Matzav.com*, 25 June 2009.

(46) 'Rabbi: Nazareth Illit must be Judaized', *Ynetnews.com*, 27 July 2009.

(47) 'One city, two peoples', *Ha'aretz*, 8 August 2008.

(48) 'Nazareth Illit: Mayor B rings Jews Back in Droves', *Israel National News*, 11 August 2010.

(49) *+972blog*, http://972mag.com/how-the-mayor-of-a-nazareth-suburb-stole-christmas-2

(50) 'More Israeli Arabs would have been killed in 2000 riots had I been in charge', *Ha'aretz*, 5 June 2011.

(51) Wesley, State Practices and Zionist Images, p. 28; Yifat Holzman-Gazit, *Land Expropriation in Israel: Law, Culture and Society*, Aldershot: Ashgate, 2007, p. 140.

(52) Jewish Agency for Israel website, www.jewishagency.org/JewishAgency/English/Jewish+Education/Compelling+Content/Eye+on+Israel/hityashvut/Hityashvut.Htm〔二〇一八年一月現在、閲覧不可〕

(53) Wesley, *State Practices and Zionist Images*, p. 31; Oren Yiftachel, 'The Internal Frontier: Territo-

rial Control and Ethnic Relations in Israel', in Oren Yiftachel and Avinoam Meir (eds), *Ethnic Frontiers and Periphweries: Landscapes of Development and Inequality in Israel*, Boulder, CO: Westviews Press, 1998, pp. 39–67 (58).

(54) 'The view from the hilltops', *Ha'aretz*, 14 October 2010.

(55) Howard M. Sachar, *A History of Israel*, New York: Knoopf, 1996, p. 842; 'Settle the Hiltops - or not', *Ha'aretz*, 23 February 2009.

(56) 'Unacceptable Norms', *Ha'aretz*, 26 September 2004.

(57) 'Land struggle of Israel's Bedouin', *BBC Newsnight*, 27 February 2007.

(58) 'Off the Map', *Human Rights Watch*, 2008.

(59) 'Beduin in Limbo', *Jerusalem Post*, 24 December 2007.

(60) 'PMO Issues Rush Order for 30 New Towns in Negev, Galilee', *Ha'aretz*, 20 July 2003.

(61) Hana Hamdan, 'The Policy of Settlement and "Spatial Judaization" in the Naqab', *Adalah*'s Newsletter, Volume 11, March 2005.

(62) Ibid.

(63) Israeli Ministry of Foreign Affairs website, www.Mfa.gov.il/MFA/Peace+Process/Reference+Documents/Exchange+of+letters+Sharon-Bush+14-Apr-2004.htm

(64) 'Pro-Israel Lobby Girding For Tough Battle on Aid', *Forward*, 15 April 2005.

(65) 'KKL-JNF Embraces the Negev, its People and the Desert Environment', www.kkl.org.il/infogeneral/World Leadership Conference/Materials/KKL_NEGEV_LOW-embraces0304.Pdf 〔二〇一八年一月現在、閲覧不可〕

(66) Uriel Heilman, 'The Negev's 21st Century Pioneers', B'naiB'rith Magazine, Winter 2008-09, www.urielheilman.com/0101negev.html

(67) Oren Yiftachel, *Ethnocracy: Land and Identity Politics in Israel/Palestine*, Philadelphia: University of Pennsylvania Press, 2006, p. 3.

(68) JNF website, http://support.jnf.org/site/PageServer?pagename=PR_Herzliya_Conf_2004.

(69) 'Demographic War: "Suicidal Democracy" Lets Bedouin Conquer Negev', Israel National News, 26 September 2009.

(70) Dr Thaber Abu-Ras, 'Land Disputes in Israel: The Case of the Bedouin of the Naqab', *Adalah*'s Newsletter, Volume 24, April 2006.

(71) 'Jewish Communities Planned to "Block Bedouin Expansion"', *Ha'aretz*, 5 June 2004.

(72) Lustick, *Arabs in the Jewish State*, p. 103.

(73) 'Jewish Agency Readies Plan to Foster a "Zionist Majority"', *Ha'aretz*, 28 October 2002.

(74) Jewish Agency for Israel website, www.jafi.org.il/press/2003/feb/feb19.htm〔二〇一八年一月現在、閲覧不可〕

(75) Hussein Abu Hussein and Fiona McKay, *Access Denied*, London: Zed Books, 2003, pp. 21-22.

(76) 'Realizing Visions in the Negev JNF America-Missions Visit', *Jerusalem Post*, 12 January 2010.

(77) 'Restorative for a Shrinking Israel ?' *Jerusalem Post*, 22 November 2005.

(78) 'Pro-Negev Umbrella Council to be Created in Effort to Form Effective Lobby', *Jerusalem Post*, 23 December 2009.

(79) 'Israeli Supreme Court Upholds Planning Authority Decision to Establish Individual Settle-

ments in the Naqab as part of its "Wine Path Plan" Despite Discrimination against Arab Bedouin Unrecognized Villages', *Adalah*, 28 June 2010.

(80) Wesley, *State Practices and Zionist Images*, p. 39.

(81) Hana Hamdan, 'Individual Settlement in the Naqab: The Exclusion of the Arab Minority', *Adalah*'s Newsletter, Volume 10, February 2005.

(82) *Adalah*, 28 June 2010.

(83) 'Fencing out the Bedouin', *Ha'aretz*, 1 June 2003; *Adalah*, 28 June 2010.

(84) 'New Discriminatory Laws and Bills in Israel', *Adalah*, November 2010.

(85) Neve Gordon, 'Bitter Wine for Israel's Bedouins', *The Nation*, 5 June 2006.

(86) 'People and Politics/Come Settle in the Negev', *Ha'aretz*, 1 June 2004.

(87) 'Government Plans Land Giveaway to Combat Troops', *Ha'aretz*, 25 January 2010.

(88) Prime Minister's Office website, www.pmo.gov.il/PMOEng/Communication/Spokesman/2010/06/spokestudy060610.htm〔二〇一八年一月現在、閲覧不可〕

(89) '"This is My State. I'm an Israeli Patriot": An Interview with Druse MK Ayoub Kara', *The Jewish Press*, 18 August 2010

(90) Kanaaneh, *Birthing the Nation*, p. 52.

(91) 'Interview: Homing in on Next Pullback', *Jerusalem Post*, 8 June 2006.

(92) 'Cabinet Okays New National Priority Map Including Settlements', *Ha'aretz*, 14 December 2009; 'Jewish population in Galilee declining', Ynetnews.com, 12 December 2007.

(93) 'Shalom aims to attract 600,000 to periphery by 2020', *Jerusalem Post*, 15 September 2009; 'Ayalon:

Strengthen Jewish Periphery or Risk Arab Autonomy Try', *Israel National News*, 22 December 2009.

（94）Holzman-Gazit, *Land Expropriation in Israel*, pp. 139, 140.

（95）'State Lands Being Commandeered by Arabs', *Ynetnews.com*, 21 August 2009.

（96）Yacobi, *The Jewish-Arab City*, p. 9.

（訳註1）例えば毎年建国記念日に人口統計が発表されることが定例となっている。今年二〇一五年の建国六七年目の発表では、人口八三四万五〇〇〇人で、ユダヤ人口が七五％の六二五万人、アラブ系国民人口が二一％の一七三万人であった。

（訳註2）シャスの支持層は超正統派が多い。超正統派はハレーディームと呼ばれ、ミズラヒとかセファルディムと呼ばれる有色系ユダヤ人——スペイン、アラブ、クルド、アフリカ、インド、中国等々出身——が多く、ユダヤ教の中で最右翼に位置。超正統派ユダヤ教徒はイスラエル人口の約一〇％を占める。

（訳註3）ネゲヴ地域の一部。二〇一三年にベドウィンの強制移住計画法案がクネセトの第一読会を通過したとき、アラブ世界だけでなく、ブラジル、アイルランド、オランダ、米国でも抗議デモが起きた。大半は平和的デモだったが、現地ワディ・アラでは住民と警官隊との激しい衝突が起き、負傷者や逮捕者が多く出た。

（訳註4）彼はモロッコからイスラエルへ移民したアラブ系ユダヤ人。このように、かつてアラブ人の一部であった有色ユダヤ人が反パレスチナであることが、この問題の悲劇の一つである。また、ヨーロッパ系ユダヤ人（アシュケナージム）とオリエンタル・ユダヤの関係は、

もうひとつの「アラブ・イスラエル問題」と言ってよいだろう。

（訳註5）アッパー・ナザレは、一九四三年の委任統治国イギリスが同年に施行した「公益のための土地取得法」を使って、種々の官庁建設に必要であるという口実で最良の土地を没収して作られた、ユダヤ人だけが住める街である。最高裁は「それは当然公益」のためだとして、住民の訴えを退けた。実際には、ユダヤ移民の住宅地、紡績工場用地、チョコレート工場用地として使われた。しかも、最初に取り上げた土地は二〇〇ドナムだったが、本書が次に記述するように、四万二〇〇〇ドナムに拡大した。

（訳註6）ここで軍関係者が出てくるのは、当時はアラブ系国民とその居住地は軍事政府支配下にあったから。

（訳註7）「イェシャ」は「ユダヤ・サマリア・ガザ」を表すヘブライ語頭文字。ユダヤ・サマリアは西岸地区のこと。ガザから撤退した現在、西岸地区入植地を統括するのがイェシャ地域協議会で、その宗教部門にイェシャ・ラビ協議会がある。なお、「イェシャ」はヘブライ語で「救出」を意味し、ネゲヴにエシュコル地域協議会に属する「イェシャ」という農業入植地（モシャブ）があり、紛らわしい。

（訳註8）過密するナザレから溢れ出たパレスチナ人がアッパー・ナザレに住みつき、その数は人口の一五％になっていた。比較的裕福なキリスト教徒パレスチナ人で、彼らはクリスマスにクリスマス・ツリーを飾りたいと市長に申請したが拒否された。そのときの市長の発言。

（訳註9）アラブ人口が多いガリラヤにユダヤ人入植を促進する運動で、キブツやモシャヴィムのような古典的農業共同体もあるが、ほとんどがサラリーマン世帯の住宅地で、そこから勤め先へ通う。ガリラヤの美観に惹かれて入植する近代的タイプのユダヤ人が多く、狂信的宗

教シオニストや労働党的共同体的シオニストとは異なり、個人主義的プチブル層入植者が増えていると、原註52が引用しているユダヤ機関ウェブサイトに書かれている。

(訳註10) イスラエル及び占領地の入植地の政治単位として、人口に基づいて、地域協議会（regional council)、市議会（city council)、地方議会（local council）があり、地方議会の連合体としてイスラエル地方自治政府連合（the union of local authorities in Israel）があり、これらの統括省は内務省である。

(訳註11) 例えば、初代首相ベン＝グリオンのキブツ「スデー・ボケル」にあるカルメイ・アヴダト農場は風光明媚なホテルとしてオンラインで宣伝され、ネゲヴ観光に訪れる若い日本人女性がワインを楽しむなど、かなり成功している模様。

(訳註12) 一九六五年生まれの第三世代イスラエル人。ネゲヴ・ベン＝グリオン大学の政治学教授で、アラブ人・ユダヤ人共同の草の根運動タアーユシュの活動家。

(訳註13) カラはドルーズ教徒。ドルーズ教徒もアラブ・ムスリムだが、教義が著しく異なるドルーズ派をイスラムだと認めないムスリムも多い。レバノンのドルーズ教徒はイスラエルと組んだ右翼キリスト教徒マロン派と戦ったが、イスラエルに住む少数のドルーズ派はユダヤ人と「血の盟約」を結び、ユダヤ人と同じ扱いを受けている。

第四章　系統的差別

イスラエル国の「ユダヤ的」という自己規定は、土地、住居、国籍という中心的問題以上に、パレスチナ人マイノリティ国民への影響が大きい。その自己規定から必然的に生じる差別が、地方行政体の予算配分から教育問題にいたる日常生活のあらゆる分野で、機能しているのだ。本章では、この差別のいくつかの問題を紹介する。この問題の研究に取り組む人はいるけれども、この問題とイスラエル国家が維持するもっと大きな隔離と排除のシステムを切り離した形では、まともな研究にはならない。

国家優先地域

「国家優先地域」(NPA)とは、特別なコミュニティに経済的便益や奨励策を与えるために、政府が指定した一定の地域(占領地内の入植地も含む)のことである。北部と南部のユダヤ化という長期的戦略目的(第三章参照)に合わせて、ガリラヤ地域とネゲヴ砂漠のかなりの部分がNPAに指定された。だから、NPAに投下される国家資金は、ユダヤ人地域に流れ込みパレスチナ人を排除するような形を取った。

例えば一九九五年、イスラエル北部の「一定の市町村と産業地帯」が、「それらを包含する地理的場所のランクよりも一段高いランクへと例外的に格上げされた」が、それらはすべてユダヤ人居住地区であった。[1] 二〇〇三年発表の政府報告書は、北部地域、ネゲヴ砂漠、西岸地区（つまり、入植者）のNPA内のコミュニティに「所得税優遇策を適用する」ことを詳述し、それをハアレツ紙が「その優遇策がイデオロギー的根拠で適用されることも、報告書は記述している」と、報道した。[2] 一九九八年、政府は五五三か所の市町村をNPAに指定する計画を承認、そのうちアラブ人村は四か所だけ（一％以下）だった。[3]

イスラエル最高裁判所は、法律論争の結果、二〇〇六年にNPA政策は国民を差別するものという裁定をくだした。[4] 当然、多くのイスラエル人が反発した。スデロト市のエリ・モヤル市長は「国がユダヤ人を優遇するのは恥ずべきことではない。ここはユダヤ人の国だから」と言った。ラマト・ネゲヴ地域協議会のシュムエル・リフマン議長は「裁判所の好みに合わないかもしれないが、何事にも基準というものがある。NPAにも当然基準がある。それは、ネゲヴとガリラヤへのユダヤ人移住奨励、及びすでにその地に住んでいるユダヤ人を励ますという公的意図のことだ」と言った。

二〇〇九年、政府は新経済効率法の中に一項を設けて、それを抜け道に問題を回避した。「国家は何らの基準に基づかずに市・町・村の一部をNPAと分類して補助金を支給する全面的権限を有する」と規定する項である。[5] やがて十二月にNPA新地図を発行した。首相府は、NPAは二〇〇万人の国民を包摂し、その四〇%がパレスチナ系国民であると宣言した。[6] しかし、実際には一歩前進ではまったくなかった。どのNPAにも自動的に国庫補助が給付されるのでなく、どこにどれだけ補助するかは「個々の担当大臣」の「専決事項」という規則が付加された。だから、実態としてパレスチナ人コミュニティを差別する仕組みが残ったのだ。いや、規則化で当局の説明責任を免除した分、悪化したともいえる。[7] 西岸地区は例外で、そこの入植地はどこも「関連する付加的補助金予算」の対象となるのである。

不均衡

生活の質や雇用見通しなどのようなものの統計数字から見える、ユダヤ人国民とパレスチナ人国民の間の不均衡も、マイノリティ差別の指標である。二〇〇三年の貧困世帯数比率で見ると、ユダヤ人の場合五世帯に一であったのに対し、パレスチナ人の場合全世帯の半分であった。(8)二〇一〇年のイスラエルの全貧困者の三分の一がパレスチナ系国民である。(9)(訳註1)失業者が最も多い三〇地区のうち、二七地区までがアラブ人地区。(10)二〇〇二年政府統計は、二〇〇を超える市町村を、社会経済的要因に基づいて一〇グループに整理した。この一〇グループの序列で底辺三グループに入る市町村のうち、八三%がアラブ人地区であった。(11)

失業率がユダヤ人より高く、世帯平均所得がユダヤ人の六三%という現実を思えば、両者の不均衡を示す他の指標が生活の至る所に見られても驚くことではない。(12)例えば平均寿命に関する二〇〇八年統計では、ユダヤ人男性はパレスチナ人男性より三年長生きし、女性の場合は四年長生きであった。(13)

パレスチナ人マイノリティ国民差別を表すもう一つの不均衡指標は、（既述のNPA関連以外の）予算や扶助金の差別的分配システムである。目立つのは、「貧困ライン以下の生活をしているアラブ人世帯はユダヤ人世帯の三倍以上もある」のに、国民一人当たりへの福祉支出は、ユダヤ人国民の場合パレスチナ人国民よりも三五%多いことだ。(14)そのうえ、ユダヤ人国民には、「治安部隊任務」に対する補償金という付加給付もあるのだ。(15)

二〇〇四年の地域開発予算のうち、パレスチナ人国民コミュニティ関連の開発予算はたった四%。[16]「アラブ人市町村向けの一人当たりの予算額は、平均して、ユダヤ人市町村向けのそれの二五~三〇%にすぎない」ことを明らかにした研究書もある。[17] このようなマイノリティ国民の必要と国家提供資源の間の大きな格差に対し、いわゆる「混住市」(例えば、ハイファやアッコ〔アッカ〕)に住んでいるパレスチナ人も多いという議論があるが、それで事態が良くなるわけではないし、それに混住市はアラブ人コミュニティ全体の約九%にすぎない。[18]

さらに、パレスチナ人国民は、雇用市場で、事実上全産業部門から立ち入り禁止というような差別迫害を受けている。二〇〇九年末、国家雇用のパレスチナ人の数は全体の六・六%――保健衛生関連施設を除くと、その数字は五・二%に下がる。[19] しかも、上級職に契約雇用されているアラブ人の数は僅か八人だった。二〇〇三年には通信省には一人のパレスチナ人もいなくて、国土基盤省には二人だけだった。[20] 二〇一〇年にはネゲヴ砂漠の国の事業所で働く数千人の労働者のうち、非ユダヤ人は一六人だけだった――同地域の人口の二五%がベドウィン・アラブ人であるにもかかわらず。[21]

国営部門の雇用差別は民間部門にも反映されている。二〇〇五年、公共団体理事長のうちパレスチナ人は九％にすぎなかったが、同じように、例えばテレコム大手のベゼク社(訳註2)の従業員一万人のうち、パレスチナ人はわずか十数人であった。(22) 二〇一一年の政府資料によると、ユダヤ人所有企業一七万社で働く従業員二三〇万人のうち、パレスチナ人は八万六〇〇〇人以下――約三・七％であった。(23) 二〇一〇年に約二〇〇社の製造業会社を対象に調査した結果では、四一％の会社が「大学卒のアラブ人を雇っていなかった。(24)」

最近の二年間ほど、政界と財界がともに、アラブ人コミュニティの経済的可能性を訴えている。会議、セミナー、投資説明会などを通じて、あるいはパレスチナ系マイノリティ国民の有用性にイスラエル経済人を「目覚め」させる談話を通じて。(25) しかし、政財界が急に「イスラエル・アラブ人セクター」に関心を抱くようになった理由は、少数民族部経済開発局長の言葉を引用すると、「イスラエルが六〜七％の経済成長を望むならば、国民の経済格差を縮小するように予算配分しなければならない」という、所得平等化が有効需要を生む経済的傾向を、政財界がある程度納得し、活用しようとしたためである。(26)

ユダヤ人国民とパレスチナ人国民の「所得を平等に近づける」ことが国民経済成長につながる可能性があると考えたことが、この雇用と開発に関する「啓蒙運動」の動機で、イスラエル国に内在する体系的差別、その原因とまでは言わないが、せめてその徴候を撲滅する取り組みの重要性に、彼らが突然目覚めたというわけではない。それに、イスラエルが長年求めてきたOECD（経済協力開発機構）加盟がようやく実現したという背景の影響もある。OECDはイスラエル加盟承認にあたって、「アラブ人セクターの発展」に力を注ぐことを強く求めたからだ。[27] そのうえ、一九六六年までイスラエル内パレスチナ人が置かれていた軍政が用いた「アメとムチ」戦略の名残りも感じられる。例えば、イスラエル企業家ステフ・ヴェルトハイメルが「ナザレのアラブ人地区の工業団地」を「共存の良き例」だと持ち上げたのは、その名残りの一つである。何故なら彼は、「人間はいっしょに働くと、つまらないことを考えたり行ったりするヒマがなくなる。労働で疲れ切って帰宅すれば、夜間にテロ攻撃するエネルギーもないだろう。彼らは収入に満足し、仕事に専念する。いっしょに働けば、反目や敵意もなくなるだろう」と語っているからである。[28]

教育

イスラエルでは、ユダヤ人国民とパレスチナ国民は、並列的だが別々に分離したシステムで教育される。パレスチナ人の子どもがユダヤ人の学校へ入学することが法律で禁じられているわけではない。分離教育は、居住地に基づく入学登録制度と、双方の社会が混合・統合教育を望まない傾向の結果である。[29] 歴代政府は、差別的財政支援や予算編成を通して両者の教育システムの間に大きな違いを創り出してきた——教育差別が、両コミュニティ間の生活全領域にわたる基本的不平等という実態の形成に、大きく貢献してきた。

イスラエル総合統計局との共同調査では、「ユダヤ人生徒一人につき学校が使う教育費用は年間一一〇〇ドルだが、パレスチナ人生徒の場合は一九一ドルで、ユダヤ人の六分の一であることが明らかになった。[30]」イスラエル南部ではその差はもっと大きく、パレスチナ人生徒に使われる教育予算額は一人当たり六〇ドル——他方、西岸地区入植者の子どもは一人当たり一五三五ドルの予算配分であった。

この差別的予算編成は、諸設備、教育レベルや教員の質、学級あたりの生徒数など、あらゆる面で具体的に感じ取れる。例えば、パレスチナ人学校の学級人数はユダヤ人学校よりも、平均して一八％多い。[31] そのうえ、パレスチナ人生徒のほとんどが貧困家庭であるという事実にもかかわらず、「パレスチナ人中学校の生徒一人当たりの予算は、平均して、ユダヤ人中学校のそれの二〇％にすぎない」のだ。[32]

教育差別は秘密ではない――元教育省高官は、ユダヤ人とパレスチナ人の間の教育上の格差を縮めることは無理だと、公言したことがある。[33] その差があまりにも大きすぎるためだ。「教育目標、カリキュラム、予算編成、教育器具や設備、生徒の学業成績、卒業後の就職機会など、あらゆる面」で、その差が現れている。[34]

二〇〇一年、ヒューマン・ライツ・ウォッチはパレスチナ人生徒が受けている教育差別について報告書を出した。

彼ら〔パレスチナ人生徒〕の学校は、イスラエルの多数派ユダヤ人の公立学校に比べると、大きな質的な差がある。教室は過密状態で、しかも教員数が少ない。校舎は貧弱で、修理が必要な個所だらけ、中には使用不可能な状態のものもある。パレスチナ・アラブの子どもたちの学校は、ユダヤ人学校に比べて、設備や教育器具が少ないばかりでなく、そもそも教育できる場ですらないのだ。[35]

同報告書の結論は決定的であった。「イスラエルの二つの教育システムの対比で、すべての面で如実に見えるのは、パレスチナ・アラブの子どもたちに対する差別である」と。

初等教育の不平等はパレスチナ人国民の高等教育へのアクセスに影響し、さらに雇用に影響、そしてパレスチナ人コミュニティの経済生活全体へも波及効果を与える。予算、雇用、教育における系統的な差別はそれぞれ連動しあい、他の社会的・経済的・政治的体制とも連動し合っているものと見なければならない。すべて、パレスチナ人国民を植民地支配下のマイノリティという劣等的地位に押し留めようとする仕組みなのだ。(訳註3)

註

（1）David A. Wesley, *State Practices & Zionist Images: Shaping Economic Development in Arab Towns in Israel*, Oxford: Berghahn Books, 2009, p. 68.

（2）'Decades of Tax Breaks for the Settler Population,' *Ha'aretz*, 25 September 2003.

（3）'On the Israeli Government's New Decision Classifying Communities as National Priority Areas', *Adalah*, February 2010.

（4）'Jews, Arabs React to Jewish Preference Ruling', *Jerusalem Post*, 28 February 2006.

（5）'New Discriminatory Laws and Bills in Israel', *Adalah*, November 2010.

（6）'PM's Plan Would Put Some Settlements on Map of National Priority Communities', *Ha'aretz*,

10 December 2009.

(7) 'On the Israeli Government's New Decision Classifying Communities as National Priority Areas', *Adalah*.

(8) 'The Equality Index of Jewish and Arab Citizens in Israel', *Sikkuy*, 2009.

(9) 'From Barriers to Opportunities: Mapping the barriers and policy recommendations for achieving equality between the Arab and Jewish citizens of Israel', *Sikkury*, August 2010.

(10) Ibid.

(11) 'UN CESCR Information Sheet No. 3: Land and Housing Rights - Palestinian Citizens of Israel', *Adalah*, 2003.

(12) 'Socio-Economic Fact Sheet', *Dirasat*, 2008; 'From Barriers to Opportunnities', *Sikkuy*.

(13) 'The Equality Index of Jewish and Arab Citizens in Israel', *Sikkuy*; 'Socio-Economic Fact Sheet', *Dirasat*.

(14) 'Study: Arabs may be poorer, But Jews get More Welfare Funds', *Ha'aretz*, 28 March 2007.

(15) *Mada al-Carmel*, Political Monitoring Report, Issue 10, 2010.

(16) 'The Equality Index of Jewish and Arab Citizens in Israel', *Sikkuy*.

(17) David Kretzmer, *The Legal Status of the Arabs in Israel*, Boulder, CO: Westview Press, 1990, p. 118.

(18) 'A Coexistence-Policy Imperative', *Ha'aretz*, 13 March 2009.

(19) 'Citizens, But Not Equal', *Ha'aretz*, 16 Ausust 2010.

(20) 'The Sikkuy Report 2002-2003', *Sikkuy*, July 2003.

(21) 'Current Knesset is the Most Racist in Israeli History', *Ha'aretz*, 21 March 2010.

(22) Socio-Economic Fact Sheet', *Dirasat*; Jonathan Cook, 'No Arabic at McDonald's', *Al-Ahram Weekly*, 4–10 March 2004.

(23) 'Intra-Arab Competition Wears on Arab-Owned Businesses', Jerusalem Post, 23 March 2011.

(24) 'Survey: Managers Support Hiring Arabs, But Don't Act on it', *Ha'aretz*, 10 March 2010.

(25) 'The Economy Wakes up to Israel's Arabs', *Ha'aretz*, 15 March 2010; 'State to Invest NIS 700m in Developing Arab Towns', *Ha'aretz*, 18 March 2010.

(26) 'Israeli Arab sector has Faster Growth Potential, says Bank Hapoalim CEO', *Ha'aretz*, 12 May 2011.

(27) 'Hapoalim Chairman Sees Great Potential in Israeli-Arab sector', *Globes*, 11 May 2011; 'Israeli Arab sector has fastest growth potential, says Bank Hapoalim CEO', *Ha'aretz*.

(28) 'Stef Wertheimer's New Middle East', *Globes*, 5 January 2004.

(29) Zama Coursen-Neff, 'Discrimination Against Palestinian Arab Children in the Israeli Educational System', *International Law and Politics*, 36, 2005, pp. 749–816.

(30) Daphna Golan-Agnon, 'Separate but Not Equal: Discrimination Against Palestinian Arab Students in Israel', *American Behavioral Scientist*, Volume 49 Number 8, April 2006.

(31) 'The Equality Index of Jewish and Arab Citizens in Israel', *Sikkuy*.

(32) 'Israel Aids its Needy Jewish Students more than Arab Counterparts', *Ha'aretz*, 12 August 2009.

(33) 'Israel's Education Woes', *Ynetnews.com*, 21 September 2010.

(34) Gershon Shafir and Yoav Peled, *Being Israeli: The Dynamics of Multiple Citizenship*, Cambridge: Cambridge University Press, 2002, p. 121.

（35）'Second Class: Discrimination Against Palestinian Arab Children in Israel's Schools,' *Human Rights Watch*, 2001.

（訳註1）パレスチナ系国民の人口が約二割という事実と比較せよ。

（訳註2）一九六四年に国営企業として設立され、次第に民営化、二〇〇四年に完全民営化となった。

（訳註3）教育内容にも大きな問題がある。パレスチナ人の学校には、例えば「ナクバ」を教えてはならないという規制をかける一方、ユダヤ人学校の教育や課外教育は非ユダヤ人（とりわけパレスチナ人）への軽蔑、恐怖、憎悪を植え付ける内容。Nurit Peled-Elhanan, *Palestine in Israeli School Books* (I. B. Tauris & Co. Ltd., 2012) は、イスラエル学校で使われる教科書が反パレスチナ人イデオロギーで染まり、卒業後の徴兵への事実上の軍事教練になっていることを論じている。また、課外教育では、例えば「安全教育」は、交通安全とか登下校中の不審な大人への警戒に関する教育でなく、「テロリスト退治」のビデオで敢えて流血の光景を見せて、トラウマを植え付ける。高校生のアウシュヴィッツへの修学旅行の目的は、異人種の人権尊重などホロコーストが世界に教える普遍的価値の学習というより、非ユダヤ人への不信感を教え、ユダヤ人を守るのはイスラエルとイスラエル軍だという愛国主義的軍国主義教育になっている。

これはパレスチナ人にとって不幸であるばかりでなく、ユダヤ人の若い世代の人間形成のうえでも有害な教育である。それを認識して反対する教育者はいるが、まだ少数派。

第五章　民主的変革潰し

一九四八年の建国以降イスラエル国家権力は、異議申し立てや改善要求の「ために開けておく」スペースの範囲を絞り、限定してきた。特にパレスチナ人マイノリティには、そんな機会はまったくなかった。本章では、ユダヤ人特権構造に平和的に異議申し立てを唱える運動が妨害され、犯罪行為扱いにされてきた経緯を見る。一九五〇年に一少年がパレスチナ人の置かれた苦境を表現した詩を朗読しただけでイスラエル軍政部長官に呼び出された事件から、現在シン・ベト(訳註1)が、イスラエルの「ユダヤ人の民主主義」という国家性格に対して合法的民主主義的な方法で異議申し立て活動を行っているパレスチナ人国民を、不逞の輩とか非国民と呼び攻撃の的にしている状態までを、論述する。

軍　政

軍政……アラブ人をユダヤ人から社会的に隔離するために、アラブ人社会からある種の重要資源を奪い取るために、アラブ人マイノリティをユダヤ人マジョリティの利益に奉仕させるよう管理・規制するために、設定されたもの(1)。

建国後アラブ系国民だけが軍政下におかれ、それがほぼ一世代間続き、アラブ人社会に決定的影響を与えた。皮肉なことに、イスラエル政府法務大臣ドヴ・ヨセフは、パレスチナ人国民を別個軍政下に置く法的根拠となった英国統治時代の防衛法〔非常事態〕を、かつて「法を装ったテロリズム」と非難したことがあった。(2)(訳註2) 軍政支配が終わったのが一九六六年だから、ナクバ以後一世代が軍政下で生活したことになる。建国後の時間の経過の中で、若干の修正や適用除外などが徐々にあったものの、パレスチナ人国民の八〇〜九〇％が軍政下で暮らした。(3)

イェホシュア・パルモンはイスラエル国首相のアラブ問題担当第一顧問で、「軍政の調整役や軍政府と一般政府の閣僚の間の連絡役」を担った。(4) 後に彼はパレスチナ人国民に対する政府の政策を「人種隔離政策」〔separate development: 南アのアパルトヘイトを意味する〕の一種で、彼の説明によると、「ユダヤ人内部だけで民主主義制を維持するため」に行われた、と言った。後のアラブ問題担当顧問、ウリ・ルブラーニの考えは異なっていた。「我々は彼らにトラクター、電気、進歩を与える……我々は彼らから土地を取り、彼らの移動を制限する……そんな手間を省いて、彼らをまきを切る者のままにしておいた方が、支配し易かったであろうに。[5]」

軍政の利点の一つは、イスラエル当局がパレスチナ人集落を好きなように「追い出し」たり「移住させる」ことができることだった。このことは、とりわけネゲヴ砂漠や周辺部地域で役立った。[6] 一九五〇年には少なくとも二〇〇〇人のパレスチナ人がガザ回廊へ追放され、また外務省報告書によれば、一九四九〜五三年の間に一万七〇〇〇人のベドウィン・パレスチナ人がネゲヴ砂漠から追い出された。[7] それから、「治安理由でどの地域でも閉鎖できること」や「住民を立ち退かせられること」を定めた英国統治時代の遺物で、イスラエルが利用した防衛法〔非常事態〕（第二章参照）一二五条がある。[8] このように、パレスチナ人国民を軍政下に置いて従属させることの目的は、「シオニズムの目標を促進させ、ユダヤ人国としてのイスラエルの基礎を固めることであった。[9]」

軍政の最も厄介で抑圧的なものの一つは——現在でも西岸地区でそのまま再現されている——通行許可制度であった。このパレスチナ人の移動の自由制限のもとで、「常時身分証と通行許可書を携帯」することが義務づけられ、「運行中の乗り合いバスが頻繁に止められ、アラブ人乗客が降ろされ、通行許可書の提示が求められた。[10]」

一九五一年のある九か月間に二〇〇〇人を超えるパレスチナ人国民が軍事法廷で裁かれ

た。罪状はほとんど、あの一二五条で閉鎖地とされた自分の村に「許可なく出入りした」ことであった。[11] 通行制限は徐々に緩和され、一九五八年には「軍事支配地域内で常時通行許可書を携帯しているパレスチナ人は三人に一人だけだった。[12]」しかし、一九六四年になっても、「重要な規制はまだ残っていた。」アラブ問題担当首相第二顧問のサムエル・ディヴォンは、「もしイスラエル・アラブへの規制を全部廃止したら、どうなると思うか」と質問されたとき、次のように答えた。

今は廃村となっているところに、以前住んでいたアラブ人が……戻ってきて、廃墟のうえに座り込んで、土地を返せと要求するだろう……土地を返せと大騒ぎしたうえに、次に難民の帰還を口喧しく要求し始めるだろう。[13]

軍政はパレスチナ人不穏分子を芽のうちに摘み取ることができるので、イスラエル治安政治体制にとって、大きな利点であった。一九五九年、元将軍でクネセト議員となったイーガル・アロンは、軍政は「不穏分子の集会などに対し行動を起こし、反逆者を処罰する合法的基盤」を提供するし、「また、敵対的政治行為やその組織の形成を抑える合法的基

盤」となる、と言った。(14)

「反逆者」に対しては過酷な措置が取られた。シュムエル・ディヴォン(訳註4)は反体制派に対する態度に関して、次のように述べた。

ベン゠グリオンがいつも言っていることだが、我々はアラブ人マイノリティがやったことがない破壊行為を基準にして行動することはできないとしても、もし機会があったらどんなことをしていたであろうかという想定を基準にして行動できるし、そうすべきである。(15)

パレスチナ人活動家は「頻繁に追放処分や行政拘留(訳註5)を受けた。」それに、例えばインフラ整備を要求すると、要求が拒否されるにとどまらず、集団懲罰として「村全体」が罰せられた。(16)子どもも例外ではなかった。パレスチナの詩人マハムード・ダルウィーシュ(訳註6)が十二歳の少年のとき、アラブ人国民が「イスラエル独立記念日」の祝福を強制的にやらされたときの心情を綴った詩を朗読したために、軍政長官のもとへ呼び出された。(17)一方、政府が望む「適切な政治的行動」をすると、仕事や通行などの「権利」がご褒美として与えられることがあった。[18]

なお、軍政下のパレスチナ系国民は軍事法廷で裁かれ、その判決の多くは「民間法廷へ上告できなかった。[19]」軍事裁判官は、被告に対する嫌疑、刑罰、その他の処置として「治安上の配慮」という用語を使うが、その用語の使用理由を説明する必要がなかった。[20]また軍政府がよく利用するのが「理由の説明もなく、裁判もなく、無期限に人を収監する行政拘留」であった。[21]

さらにイスラエル治安当局は「密告者や協力者のネットワークを急遽作って」、パレスチナ人マイノリティ国民の支配を固めた。[22]密告者たちの仕事の一つに「学校教員の監視」もあり、それは包括的情報通報システムの需要な一部であった。[23]最近、政府の諜報員がパレスチナ人村に潜入、結婚して家庭まで持って村人として暮らしながら、スパイ活動をしていたことが発覚した。[24]

監視とアメとムチのシステムに縛り付けながら、イスラエル当局は、「アラブ人社会の現状」では民主主義的選挙は適切ではないとして、民主主義を拒否することを、優先政策とした。[25]一九五三年、アラブ問題担当顧問のイェホシュア・パルモンはそれを次のように表現した。「アラブ人社会で民主主義が過剰にならないように、『中道』を選択させなければばならない。[26]」その後選挙が許可されると、治安当局は自分たちの「影響下にあるアラブ人」が権力の座に就けるように、村議会選挙に圧力をかけた。[27]そのうえ、宗派や部族の違いを煽って、パレスチナ人をばらばらに分裂させようとする画策も行われた。「違いや不和を煽り立て」、「宗教コミュニティや部族コミュニティをお互いに反目させ合った。[28]」

軍政初期の政治目的は、次の極秘覚書で要約的に表現されている。「政府の政策は……アラブ系国民をばらばらの社会、ばらばらの地域に分裂させることだった。[29]」

もっと大きい支配構造として、軍政は「アラブ人の意識とアイデンティティの作り変え」、つまり「新しいイスラエル・アラブ人アイデンティティの創造」を重要な目標にしていた。[30]アラブ人の日常会話の内容を収集し、反国家的発言をするアラブ人を召喚して尋問にかけるなど、治安当局はどういう発言が是でどういう発言が非であるかをマイノリティ国民に「教え」、イスラエル・アラブ人の政治的ディスコースを形成しようとした。[31]

民主主義的変革の阻止

異議申し立てへの弾圧は、一九六六年に軍政が終わった後も続き、現在に至っている。第三章でユダヤ化に関連して述べた一九七六年のケーニッグ・レポートは、「大学生たちの中にいる種々の扇動者に対して全面的に厳しい処置をすべき」と勧告していた。(32) 一九八〇年、イアン・ラスティック教授は、アラブ問題担当首相顧問団が、パレスチナ人学生委員会は「国家の安全への脅威」なので、「密告者や工作員を学生委員会に潜入させて監視する」ことを提案したと書いている。(33) 第一次インティファーダのときは、「パレスチナ人学生とパレスチナ人・ユダヤ人共同学生組織の学生は拘束され、占領に反対する運動に加わった学生は大学当局から厳しい処分を受けた。(34)」

一九九八年、当時の首相ベンヤミン・ネタニヤフは、「イスラエル・アラブ国民の間でパレスチナ人化(訳註7)と宗教的急進化が進んでいること」に関して会議を招集した。「該当省の大臣やシン・ベトやその他の治安機関の長」などが参加者であった。(35) それから一〇年後、シン・ベト長官ユヴァル・ディスキンは、パレスチナ系国民は「権利を振り回しすぎる」と米国政府高官に語った。(36)

二〇〇七年、首相府は、「たとえ合法的活動であっても、イスラエルのユダヤ的かつ民主主義的性格にとって害になる活動に従事する個人や団体を取り締まる」というシン・ベトの方針を明らかにした。(37)その後すぐにシン・ベトは、「国家のユダヤ的性格に対して破壊的活動をする者を、たとえ活動自体が法律違反でなくても、見つけ出して対処する」という強い声明を出した。(38)法務長官は、その声明の字句は「自分の同意」のもと、「自分と共同で」書かれたものであることを認めた。(39)

これが実際に実行された例が、アミール・マフールの逮捕・裁判・投獄である。二〇一〇年五月、アラブNGOネットワーク「イッティジャー」(訳註8)の会長マフールは、夜間に自宅から連行され、二週間弁護士接見も禁止されて尋問された。椅子に縛り付けられたまま、睡眠を遮断される拷問の中の尋問で、結局ヒズボラのスパイをしたという誘導「自白」を強制された。逮捕前の二〇〇九年一月、シン・ベト工作員が「次に会うときには、家族に別れを告げておくんだな。長い間会えなくなるからな」と、マフールに逮捕を予告するような脅迫をしていた。(40)マフールに九年の懲役刑が科せられたとき、アムネスティ・インターナショナルは次のような抗議声明をだした。

アミール・マフールはイスラエル内パレスチナ人やイスラエル占領地のパレスチナ人のために人権擁護活動をしてきた。そのことが彼の懲役刑の根本的理由である。(41)

ジャナーン・アブドゥ、夫の逮捕について語る

ジャナーン・アブドゥは社会活動家、フェミニスト活動家、研究者である。彼女はパレスチナ人政治犯アミール・マフールと結婚した。

「二〇一〇年五月六日という日付は永遠に私たちの脳裏に刻み込まれました。その後の私たちの生活はすっかり変わってしまいました。イスラエル治安部隊がアミールを逮捕した後、ほぼ二週間弁護士接見も拒否され続け、私たちは彼がどうなったのか知る由もありませんでした。二週後は、二週間に一度ガラス仕切り越しで彼と面会でき、電話の送受話器で話ができるようになりましたが、

彼は愛する子供たちを抱くことも接吻してやることもできませんでした。」

「娘たちは毎日父親不在の生活をしています。長女の卒業式には父親の姿はなく、次女も五年後に卒業の予定ですが、父親の参列は期待できません。これは子供たちにとって大変つらいことです。毎日家族は父親の不在を寂しく思っています。でも、言い換えると、アミールは常に私たちの心の中にいるのです。だから恋しく思うのです。だから耐えることができ、抵抗することができるのです。十八歳になった長女ヒンドは『悲しみや憐みからではなく、怒りからレジスタンスが生まれ、継続し、やがて勝利するのです』と書いた手紙を獄中の父に送りました。次女のフーダは『幼くても年寄でも、嬉しいときも悲しいときも、自由な身でも獄中にいても、いっしょにいても別々にいても、どんな場合でも信念は変わりません。私たちは不動です』と書いた手紙を送りました。」

出典——著者とのインタビュー

写真6：投獄中の夫アミール・マフールの写真を持つ妻のジャナーン・アブドゥ

マフール逮捕の頃、イスラエルでは異議申し立て活動の余地がどんどん少なくなっていた。二〇一一年三月、ナクバを悼む行事を催す市町村や公的施設に対して政府が予算配分を保留することができるという法律が成立した。さらに、イスラエル国がユダヤ人国として建国されたという言説を公然と批判したとみなされる市町村や公的施設にも、予算配分保留が適用された[42]。「この法律は、要するに、恫喝で国民を黙らせる法律である」と、ハアレツ紙が社説に書いた[43]。

この法律を支持するアレックス・ミラー議員は、一九四八年のパレスチナ人追放と土地の剝奪（ナクバ）をイスラエルの学校で教えることを、「扇動行為」だと説明し、それと「一介の国民が自分が住んでいる国家における自分の国籍を定義するという〔馬鹿げた〕問題」と結びつけて論じた[44]。もうその頃にはギデオン・サアル教育相がナクバについて記された教科書を禁止していたので、ナクバを教えるために非公認の自主教材を使う教員は、新聞の取材に実名を隠さなければならない雰囲気が生じていた[45]。

クネセトのパレスチナ議員への風当たりもますます強くなった。議員の不逮捕特権を無効にするとか、そもそも議員として存在すること自体が問題だという声が高まった[46]。とりわけひどい攻撃の槍玉に挙がったのは、本書序文を書いてくれたハニーン・ゾアビ議員である。パレスチナ人の権利を擁護する歯に衣着せぬ堂々とした言動や、自由の船団[訳註9]などの運動への参加のため、彼女は非国民とか反逆者のレッテルをはられた。

ゾアビはイスラエル中で憎悪の的になった。イスラエル中部のネタニヤ市の市長はゾアビの国外追放を叫び、ゾアビ殺害を書き込むフェイスブック集団はたちまち数百人の規模に膨れ上がった。議会の中でも、「ガザへ行け、この反逆者!」とユダヤ人議員から罵られ、物理的暴力をうける寸前にまでなった[47]。ミハエル・ベン=アリ議員[訳註10]はゾアビ以外のパレスチナ人議員たちに「あの女〔ゾアビ〕を片付けたら、次はお前の番だ」と脅すEメールを送った。[48]

「自由の船団」参加を反逆行為だとして、クネセトの委員会はゾアビ議員の議員特権剥奪を可決した。この投票に先立つ討論で、全院委員会〔House Committee〕のヤアリヴ・レヴィン委員長はゾアビに向かって、「お前はイスラエル国会議員ではない。お前にはイスラエル人IDを携帯する資格はない。お前はイスラエル国民、イスラエルのアラブ人社会、お前自身の家族にとっても、迷惑な存在だ」と言った。[49]

レヴィン委員長は、何よりもパレスチナ人クネセト議員〔国会議員〕の議員特権無効化を要求する声を取り上げて、自分の委員会で審議したくてうずうずしている。二〇一〇年二月、彼は「国家に対して反対活動をするあの連中〔アラブ人国会議員〕をこのままイスラエル議会に置いていてよいのかどうかという問題に関し、ひとつ思い切った決定をするべきだと、私は思っている」と、自分の信念を述べた。[50]

処罰なき暴力

パレスチナ人国民は、彼らにユダヤ人と異なる扱いをする警察権力や司法制度と、日々直面して生活をしている。警官がパレスチナ人に過度な暴力を振るっても罪に問われないのだ。二〇〇一年、アムネスティ・インターナショナルは「パレスチナ系イスラエル国民に対する偏見は、裁判と法執行機関の両方にわたって、刑事司法制度全体に蔓延している」とレポートした。[51] 二〇〇九年に一人の裁判官がそれをはっきり認めた。彼は十代のパレスチナ人被告に無罪を言い渡して、「国家は、アラブ人青少年はみんな『イデオロギー的法律違反』を犯しているという前提に立って、差別政策を行っている」という、被告弁護士の主張を認めた。[52]

パレスチナ人国民に対する公権力の説明責任免除の暴力の歴史は古く、一九五六年の外出禁止令に関連して五〇人近くのパレスチナ人村人が殺害されたカフル・カーセム虐殺事件[訳註11]まで遡る。この虐殺犯として八人の兵士が懲役刑になったが、全員減刑され、四年後にはみんな自由の身になっていた。指揮官はたった一アゴラ、イスラエルで最少額の硬貨一枚の罰金を科せられただけであった。[53][訳註12] その二〇年後土地の日[訳註13]デモでイスラエル軍がパレスチナ人国民六人を殺害したとき、当時のイツハク・ラビン内閣は「デモとそれに付随する騒動の取り締まり任務にあたって、わが治安部隊は見事な『自制心』を発揮した」と、全閣僚一致で称賛決議をした。[54]

比較的最近の決定的な例を挙げれば、二〇〇〇年十月、イスラエルのパレスチナ人国民が占領地のパレスチナ人の蜂起（訳註14）に連帯してデモを行ったとき、イスラエル警官隊がデモに発砲し、一三人のパレスチナ系国民を殺害した事件。事件の公的調査委員会が、パレスチナ人国民に死傷者が出たのは狙撃隊の発砲によるものという調査結果を発表したが、誰一人起訴されなかった。[55] イスラエル・ユダヤ人も大規模で暴力的な騒乱を起こすことがあるが、その場合でも死傷者はいつもパレスチナ人であった。アムネスティ・インターナショナルの二〇〇一年レポートは、前述の公的調査委員会で証言した国境警備兵女性のことを書いている。彼女はアムネスティの記者に「私たちはユダヤ人とパレスチナ人とで異なる扱いをしています。ユダヤ人のデモ隊に対しては銃器類を携帯しないで対処します。そのように命令されているのです」と述べた。[56]

第二次インティファーダの頃は、この差別的弾圧が顕著に見られた。九月二十八日から十月三十日の間に、占領地のインティファーダを支持するイスラエル国民が約一〇〇〇人逮捕されたが、その内訳はパレスチナ人六六%、ユダヤ人三四%であった。[57] しかも裁判終了までずっと身柄拘束された者のうち、八九%がパレスチナ人国民であった。二〇〇九年一月、あのイスラエル軍のガザ回廊への大規模な攻撃のとき、それに抗議するイスラエル人八〇〇人が逮捕されたが、ほとんどがパレスチナ人であった。しかも拘留者の三分の一が十八歳以下の少年少女で、そのうちの八六%は裁判手続きが終わるまで拘置所から出されなかった。[58]

だから、イスラエル内パレスチナ人を差別的な土地・家屋・経済政策に従属させた第二級国民に置いておくだけでは不十分なのだ。彼らがアパルトヘイトに抵抗しないように、彼らが軍事占領下の同胞パレスチナ人への連帯を表明しないように、彼らがすべての国民のための国家作りに動かないように、政府は厳しく弾圧しなければならないのだ。現体制内部からの変革はまったくないし、将来もないであろう。新しい方法、そして新しい未来像が必要だ。

註

(1) Ian Lustick, *Arabs in the Jewish State*, Austin, TX: University of Texas Press, 1980, p. 64.
(2) Tom Segev, *1949: The First Israelis*, New York: Henry Holt, 1998, p. 50.
(3) Don Peretz, *Israel and the Palestine Arabs*, Washington DC: The Middle East Institute, 1958, p. 95.
(4) Segev, *1949*, p. 50.
(5) Lustic, *Arabs in the Jewish State*, p. 68.
(6) Perets, Israel and the Palestine Arabs, p. 96.
(7) Benny Morris, *Israel*'s Border Wars, 1949–1956: Arab Infiltration, Israel Retaliation, and the Countdown to the Suez War, Oxford: Oxford University Press, 1993, p. 148; Ibid., p. 170.
(8) John Quigley, *The Case for Palestine: An International Law Perspective*, Durham, NC: Duke University Press, 2005, p. 109.
(9) Alina Korn, 'Crime and Law Enforcement in the Israeli Arab Population under the Military Government, 1948–1966', in Ilan S. Troen and Noah Lucas (eds), *Israel: The First Decade of Independence*, Albany, NY: State University of New York Press, 1991, pp. 659–79 (660–61).
(10) Korn, 'Crime and Law Enforcement in the Israeli Arab Population under the Military Government, 1948–1966', p. 668; Peretz, *Israel and the Palestine Arabs*, p. 97; Segev, *1949*, p. 51.
(11) Korn, 'Crime and Law Enforcement in the Israeli Arab Population under the Military Government, 1948–1966', p. 668.
(12) Lustick, *Arabs in the Jewish State*, p. 125.

(13) Ibid., p. 125.
(14) Ibid., p. 67.
(15) Ibid., p. 66.
(16) Cohen, *Good Arabs*, p. 236; Lustick, *Arabs in the Jewish State*, p. 192; Ibid., p. 194.
(17) Raja Shehadeh, 'Mahmoud Darwish', *BOMB*, 81/Fall 2002.
(18) Haim Yacobi, 'Planning, Control and Spatial Protest: The Case of the Jewish-Arab Town of Lydd/Lod', in Daniel Monterescu and Dan Rabinowitz (eds), *Mixed Towns, Trapped Communities: Historical Narratives, Spatial Dynamics, Gender Relations and Cultural Encounters in Palestinian-Israeli Towns*, Aldershot: Ashgate, 2007, pp. 135–55 (137–38).
(19) Lustick, *Arabs in the Jewish State*, p. 146.
(20) Ibid., p. 146.
(21) Segev, *1949*, p. 51.
(22) Cohen, *Good Arabs*, p. 2.
(23) Ibid., p. 235.
(24) '60 Years Later, Spies' Lives Revealed', *Ynetnews.com*, 20 February 2011.
(25) Peretz, *Israel and the Palestine Arabs*, p. 129.
(26) Ibid., p. 129.
(27) Cohen, *Good Arabs*, p. 3.
(28) Ibid., p. 233.
(29) Segev, *1949*, p. 65.

(30) Cohen, *Good Arabs*, p. 3; Ibid., p. 233.
(31) Ibid., p. 3.
(32) Lustick, *Arabs in the Jewish State*, p. 69.
(33) Ibid., p. 144.
(34) Shany Payes, *Palestinian NGOs in Israel: the Politics of Civil Society*, London: I. B. Tauris, 2005, p. 93.
(35) Eric Rozenman, 'Israeli Arabs and the Future of the Jewish State', *Middle East Quarterly*, September 1999, pp. 15–23.
(36) 'Wikileaks Cable Dated 22 May 2008', *Guardian website*, 7 April 2011, www.guardian.co.uk/world/2011/apr/07/israel-gaza2
(37) 'PMO to Balad: We will Thwart Anti-Israel Activity Even if Legal', *Ha'aretz*, 16 March 2007.
(38) 'Shin Bet: Citizens subverting Israel key value to be probed', *Ha'aretz*, 20 May 2007.
(39) Yitzhak Laor, 'Democracy for Jews only', *Ha'aretz*, 30 May 2007.
(40) Ben White, 'Israel Subverts Human Rights for a Key Critic', LiberalConspiracy.org, May 29 2010, http://liberalconspiracy.org/2010/05/29/Israel-subverts-human-rights-for-a-key-critic
(41) 'Palestinian Human Rights Activist Jailed in Israel', *Amnesty International*, 30 January 2011.
(42) 'Knesset Passes "Nakba bill"', *Ynetnews.com*, 23 March 2011; 'Israel Passes Law Against Mourning its Existence', *Reuters*, 22 March 2011.
(43) 'A Blow to Israeli Arabs and to Democracy', *Ha'aretz*, 22 March 2011.
(44) 'Yisrael Beiteinu MK: Teaching the Nakba in Israel's schools is incitement', *Ha'aretz*, 24 March

2011.

(45) 'Arab education officials: Israel must lift ban on teaching about Nakba', *Ha'aretz*, 28 April 2011; 'Unofficial Nakba study kit a hit with teachers', *Ha'aretz*, 14 June 2011.

(46) Ben White, 'Marginalisation in Israel's Knesset', *New Statesman*, 24 March 2010.

(47) Ben White, 'Targeting Israel's Palestinians', Al Jazeera, 23 June 2010.

(48) 'Knesset C' tee: Strip MK Zouabi of Extra Rights', *Israel National News*, 7 June 2010.

(49) 'Knesset Revokes Arab MK Zuabi's Privileges Over Gaza Flotilla', *Ha'aretz*, 13 July 2010; 'MK Zoabi Called "Embarrassment", "Traitor" in Stormy Session', *Israel National News*, 13 July 2010.

(50) 'MK Levin: We Must Do Something About Arab Parties', *Israel National News*, 23 February 2010.

(51) 'Amnesty Cites "Racism in Legal System" in Israel', *Ha'aretz*, 24 July 2001.

(52) 'Judge: State Discriminating Between Jews, Arabs', *Ynetnews.com*, 11 November 2009.

(53) Cohen, *Good Arabs*, p. 136.

(54) 'The Divided Loyalties of Israel's Arab Citizens', *Los Angeles Times*, 13 April.

(55) 'Summary of the Findings and Conclusions of Adalah's "The Accused" Report', *Adalah*, 2006.

(56) 'Racism and Administration of Justice', *Amnesty International*, 2001.

(57) 'Mass arrest and police brutality', *Amnesty International*, November 2000.

(58) 'Prohibited Protest: Law Enforcement Authorities Restrict the Freedom of Expression of Protesters against the Military Offensive in Gaza', *Adalah*, 2009.

（訳註1）正式名称はイスラエル保安庁。「シャバック」とも呼ばれる。首相直属で、治安維持や防諜活動を行う。モサド（諜報特務庁）とママッド（イスラエル政治調査センター）とアマン（参謀本部諜報局）と並ぶ公安機関。

（訳註2）他にもパレスチナのユダヤ人社会（イシュヴ）のユダヤ人弁護士が「ナチスの法より悪質」と非難した。

（訳註3）「まきを切り、水を汲むもの」という聖書語で、卑しい労働をする人たちの意味。ヨシュア記九：二一」。

（訳註4）一九一七〜二〇〇三年。イスラエル外務省中東局副局長。

（訳註5）罪状の説明も法律の何に違反したかの説明もなく、期限の明示もなく、裁判もなく、当局の恣意で獄中に繋がれることで、これは軍政時代だけでなく、現在も占領地でも行われている。

（訳註6）一九四一〜二〇〇八年。パレスチナを代表する詩人で、パレスチナ独立宣言の起草者。パレスチナ「国葬」に付されたのは、アラファトに続いて彼が二人目。

（訳註7）「パレスチナ人」は単なる民族の呼称を超え、アイデンティティ主張の言葉となっている。一九六七年戦争前まではパレスチナに住むアラブ人という意味でパレスチナ・アラブと呼ばれていたが、アラブ諸国の裏切りや自力での闘争を経験したことから、「パレスチナ人」というアイデンティティが生まれた。イスラエル内でも、当局はイスラエル・アラブ人と呼ぶが、パレスチナ人は自らをパレスチナ人と呼んでいる。

（訳註8）「方向」を意味する、一九九五年に設立された協会。マフールはその会長で、彼の逮捕を非難する声明が世界の二五団体から出された。

（訳註9）イスラエルが封鎖するガザ地区への援助物資を運ぶ船団。二〇一〇年五月三日、イスラエル海軍が国際水域で攻撃した。

（訳註10）一九六三年生まれのミズラヒ（アラブ系ユダヤ人）で、ユダヤ教原理主義者ラビ・メイル・カハネに傾倒する極右政治家。現在の所属政党は「強いイスラエル」。

（訳註11）イスラエル軍は外出禁止令開始時刻を、それまでの午後六時から五時に変え、その決定を四時四五分にした。当然外の畑で働いている村人はそのことを知らない。五時五五分に最初に自転車で帰ってきた四人は並ばされて銃殺された。その後馬車やトラックで帰ってきた村人も次々と銃撃された。村の外の山羊を連れ戻そうと村の入り口を出た八歳の子どもも撃ち殺され、びっくりして出てきた父親も、子どもの遺体を運び込もうとした母親も、撃ち殺された。計四九人が虐殺された。

（訳註12）現在のイスラエルの貨幣は新シェケルで、一シェケルはおおよそ一九円。アゴラはシェケルの補助貨幣。

（訳註13）一九七六年パレスチナ領の一万九〇〇〇平方キロメートルが占領され、それに抗議するデモが三月三十日に行われた。イスラエル軍が鎮圧に乗り出し、六人を射殺した。それ以来三・三〇「土地の日」として、世界的支援のもとで、毎年デモが行われている。

（訳註14）シャロンが軍と警官を連れて聖地アル・アクサに侵入したことに抗議して発生した第二次インティファーダ。イスラエル軍は三〇人を殺害、五〇〇人を負傷させた。

第六章　新しく想像力を働かすための見直し

イスラエル政府のパレスチナ人マイノリティ国民に対する人種・民族差別・隔離政策を見てきたが、これは犠牲者がイスラエル国民であるが故に、イスラエルにとって逃れる余地がない。西岸地区の場合は、治安維持とか領土「紛争」を口実にして、世界の目をアパルトヘイト支配から逸らすことが可能かもしれないが、自国内ではそうはいかない。占領地西岸地区においては、アリエル(訳註1)の入植者とナブルスのパレスチナ人の間に権利の差があっても、前者はイスラエル国民だが後者はイスラエル占領軍とパレスチナ自治政府の混合支配下にある住民だとして、突っぱねることができる。

ところが、ナザレ、アル・アラキブ、ロッドなどのイスラエル内パレスチナ人は、民主主義国を自称し、非ユダヤ人にも諸権利を認めていると吹聴する政治体に所属する国民である。イスラエルは、アパルトヘイト国、レイシズム国という国際社会からの批判に対し、アラブ系イスラエル人国会議員や判事やポップスターの存在を例にあげて反論する。米国の親イスラエル・ロビーは、イスラエルではアラブ人もユダヤ人も同じビーチで海水浴をするし、同じ病院で働いていることを挙げて、レイシズムを否定しようとする。

しかし、ほぼ七〇年間にわたり、今も続いている土地、住宅、市民権に関する国家主導の人種差別の歴史を背景に考えると、公人や有名人にパレスチナ系がいるという僅かな例を並べ立てるのは、ピント外れの三百代言である。それ以外の一般的な場で見られるグロテスクな差別・隔離・弾圧をみると、イスラエルは日常的・制度的レイシスト国家であるというのが、本当のところである。

次第に、「ユダヤ的かつ民主主義的」国家内の非ユダヤ人国民と、占領地西岸地区とガザ回廊のパレスチナ人の間の繋がりが形成されていった。これは当然の成り行きである。ヨルダン渓谷の「不法建築」家屋や建物と、ネゲヴ砂漠の「非公認村」アル・アラキブが同時にイスラエルのブルドーザーで破壊され、住民が「侵入者」として追い払われるのだから。ガリラヤでも「ユダヤ・サマリア」（西岸地区）の丘陵地帯でも、同じ優先関係が働いているのだ――パレスチナ人の領土的連続性を分断し、ユダヤ人入植地を発展させ、他方を犠牲にして一方の利益を高めるための支配体制を固め維持する、という優先関係が。

オレン・イフタヘル教授の言葉では、「入植地西岸地区、封鎖地ガザ回廊、イスラエル内パレスチナ人居住地は、それぞれ独自の公的規則があるが、今や一つの体制に融合され、最終的にはイスラエル国家支配となるであろう。[1]」彼はその状況について「国民を『黒人』、『カラード〔混血民〕』、『白人』というステイタスに分類した」アパルトヘイトと同じだと説明している。このように、事実上一つの国の中で、パレスチナ人は「それぞれ異なった権利・資格体系をもった」別々のグループに分けられている、というのが実態である。

一九九〇年代半ば頃には、占領地でのイスラエルの膨張運動はほぼ限界に達したようで、焦点は「統合化」、つまり隔離と上下関係を定式化した民族関係を固める支配システムの開発と微調整の段階に入った。[2] それと同時に、「目が内部に、一九四八年戦争の仕上げ」に向かった——具体的には「人口脅威」への対処と、ガリラヤとネゲヴのユダヤ化事業に邁進したのだ。[3]

写真7　解体通告を受けた非公認村ダハマシュの村落協議会のアラファト・イスマイール議長（2010年7月、ベン・ホワイト撮影）

写真8　西岸地区ヨルダン渓谷で破壊されたパレスチナ人の建物（2010年7月、ベン・ホワイト撮影）

このような状況に鑑み、現在の対イスラエル運動、パレスチナ解放運動を改めて見直し、西岸地区の現状、「和平プロセス」の挫折理由、ユダヤ人国内のパレスチナ人マイノリティの実情、世界に散らばる難民を視野に入れて、再考する必要がある。それも早急に。すなわち、紛争を一九六七年戦争でイスラエルに占領された領土の返還に限定する政治闘争やその他の闘争を主軸とする「占領ディスコース」を脱却し、それを超えなければならない。パレスチナ解放闘争に含まれていた様々な要素を再統合するべき時だ。初心に帰って、「パレスチナ問題」を総体的〔holistically〕に見る時だ。

この見直しの中には、イスラエル国が主

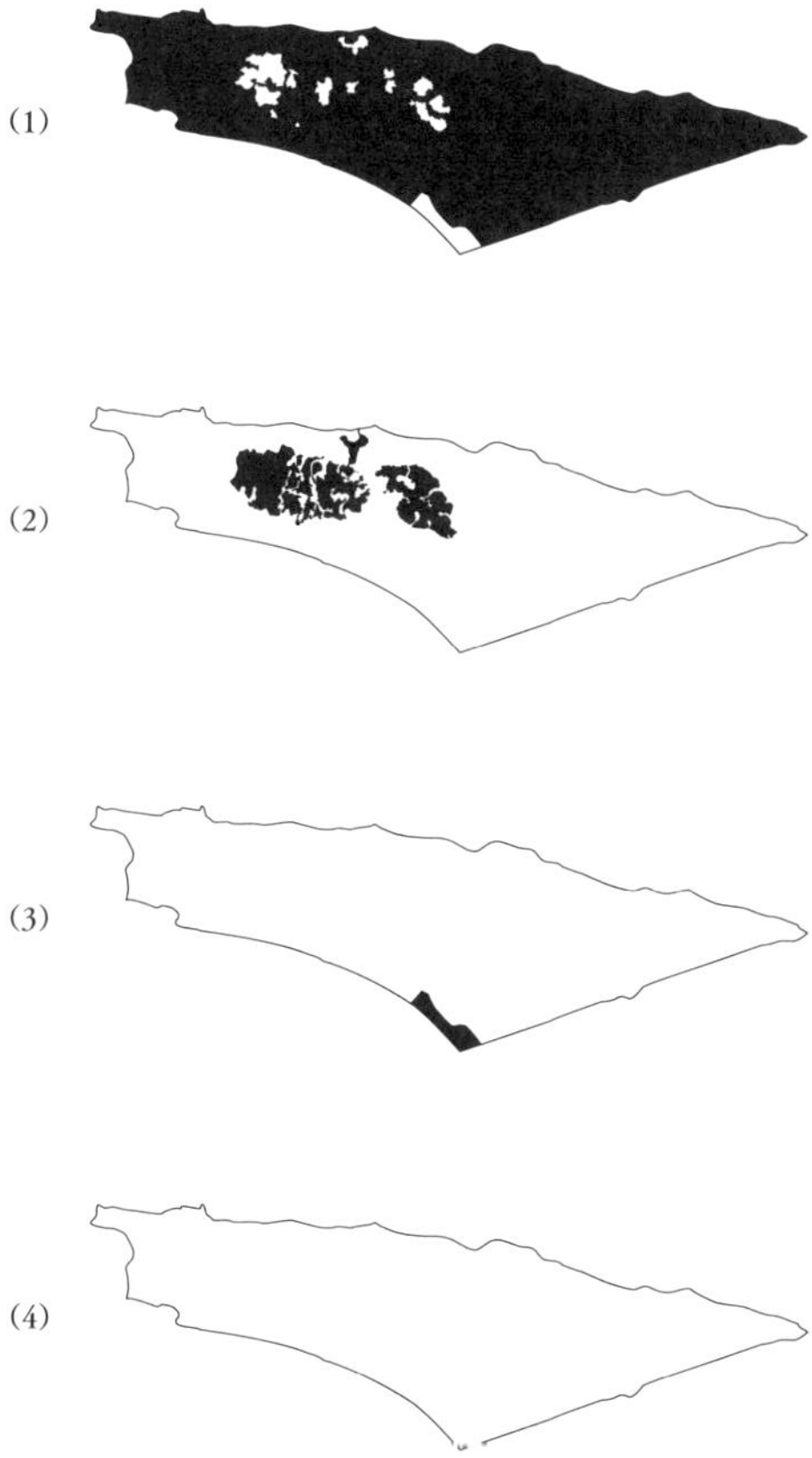

地図4　2011年現在の通行権の状況。黒い部分が、(1) イスラエルIDで通行できるエリア、(2) 西岸地区IDで通行できるエリア、(3) ガザIDで通行できるエリア、(4) 無国家パレスチナ難民が通行できるエリア（ゼロ)。出典：arenaof speculation.org

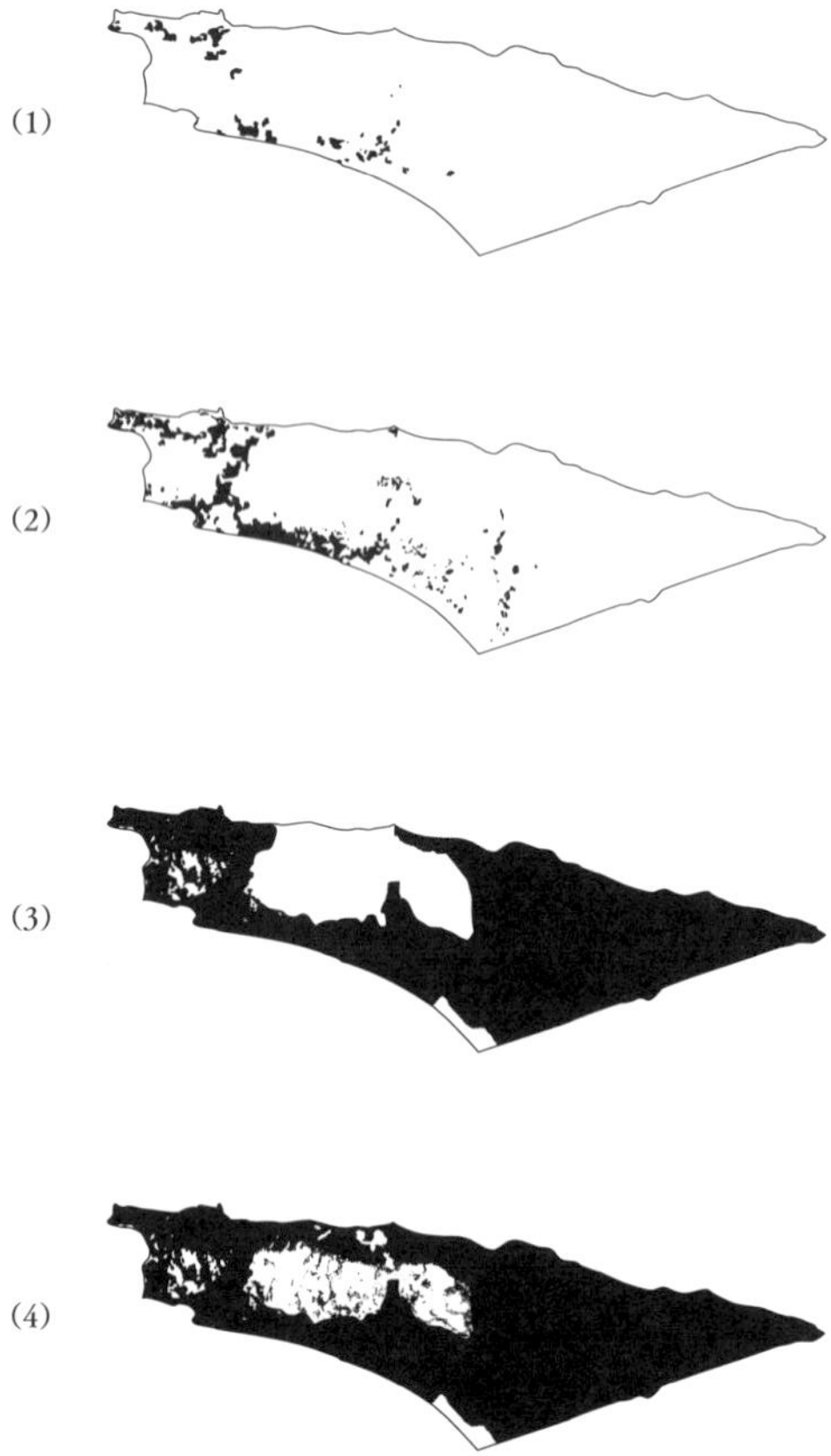

地図5　黒い部分が、（1）1918年のユダヤ人所有地、（2）1947年のユダヤ人所有地、（3）1960年のイスラエル領、（4）2008年のイスラエル領。出典：arenaofspeculation.org, based on Mlkit Shoshan, B'Tselem

張する民主主義的資格の正統性を問うことも含まれる。つまり、追放、土地没収、市民権に関する不平等な考え方など、否定できない厳しい事実に即して、改めてイスラエル国を考えるのである。では、イスラエルが民主主義国でないなら、それはいったい何だろう。おそらく適格に表現できる枠組みはない。アパルトヘイト国、入植者植民地主義国、異民族嫌悪症国――これらの言葉はそれぞれ当て嵌まるが、単独では十分な説明にならない。ともかく、それは一種の民族純潔主義国――ユダヤ民族の存続に至上の価値を置き、先住民であるパレスチナ人を国家安全への内在的脅威と見る国家体制である。

そのような国家体制は、イスラエル内パレスチナ人の置かれている状況を見るだけでも明白に識別できるが、それだけに焦点を当てるのでなく、もっと全体的に見ることで、より理解が深まる。イスラエル国の政策や法律の結果として、パレスチナ人の七人に一人がイスラエル第二級国民である事実、三分の一が国籍なしでイスラエル国軍支配下にある事実、全パレスチナ人の半分が、財産や家族の命を奪われて、国境の外で暮らし、帰還を許されていない事実を見ることだ。とりわけ最後に述べたことが、イスラエルの「ユダヤ的かつ民主主義的」規定の矛盾と欺瞞を如実に物語っている――土地の本来の主人公パレスチナ人の半分を追放・隔離することによってしか樹立・維持できない国家アイデンティティなのだ。

さらに、イスラエルと西側諸国のイスラエル・ロビーが、いわゆる「イスラエルの非合法化」〔delegitimisation〕脅威を盛んに強調しているのも、事の本質を垣間見せてくれるものだ。「パレスチナ人に基本的人権を！」の呼びかけが世界的に大きくなるにつれ、イスラエル＝ユダヤ人国家という権利の主張が狂気じみた形で展開される。そしてシオニズム批判を反ユダヤ主義にすり替える。この悪あがきにこそ、この紛争の核心的問題が暴露されている――パレスチナ／イスラエルの地でユダヤ人特権維持を擁護するレイシストが窮地へ追いやられている証拠である。

一九四八年以降、イスラエル国が「集団的アイデンティティを持つパレスチナ人を除いて、一定の領土的空間をユダヤ民族アイデンティティで覆い尽くす」ことを目的にした政治体制であり続けてきたのだから、この国のパレスチナ人国民に対する政策の中に、「そんな政治体制が民主主義的であり得るはずがない」という絶対的証拠を見出してもなんら不思議ではないと、イェフーダ・シェンハヴ（訳註2）が書いている(4)。

イスラエル内パレスチナ人の存在は国家がクローゼットの中に隠した残骸を絶えず思

い起こさせるのだ。一九四八年のパレスチナ人民族浄化――追放、土地略奪、地元民の町や村の破壊と抹消、そしてそれらの行為を正当化しようとする偽りの史料編纂。追放や恐怖を与えて逃亡させてユダヤ人のために行った民族浄化がまだ不完全だったことを思い起こさせるのだ。言い換えると、イスラエル内パレスチナ人の存在は、イスラエル政治権力の非民主主義的性格の証拠なのだ。

我々に必要なのは次のことだ。「和平プロセス」の決まり文句や、シオニストが押し付ける、使い古した「テーマ」から解放された思考と分析、情け容赦ないパレスチナの植民地化（有名な「既成事実作り」）から必然的に生まれる一つの認識だ。（訳註3）もちろん、それだけでは十分ではない。見直しは新しく想像力を働かせることに繋がらなければならない。パレスチナ／イスラエルの地にユダヤ人とパレスチナ人が存在するという事実を率直に認め、それを踏まえて、両者の本当の共存に基づく未来を想像することだ。民族・宗教至上主義や分割案や隔離から離れ、自立と融合と平等に向かって想像力を働かせよう。

パレスチナでのシオニスト事業が袋小路に達した頃、中東各地で民衆蜂起が続出し、既成秩序が揺らぎ、古い前提が否定され再考が促される情勢となり、私は胸がワクワクした。

二〇一一年二月、私は「想像力の解放」と題する小論を発表し、そこで、抑圧された民衆は、権力者のプロパガンダとは裏腹に、抑圧状態は永遠のものでなく、独裁者の権力や彼らの治安機構が無限大ではないことを悟った、と書いた[(5)]。パレスチナ人政治犯アミール・マフールも牢獄で書いた小論で、「独裁者にとって物事がうまく行くのは最後の一五分前までだ」と述べた[(6)]。

チュニジアからイェメンまでの民衆蜂起は「イスラエルと関係ない」、と単純に切り捨てる論理に騙されてはいけない。いわゆる「アラブの春」と、ずっと以前から継続してきたパレスチナ革命の間には、深いつながりと影響関係がある。パレスチナの闘いがアラブの春を刺激したとも言えるだろう。とりわけエジプトの場合、第二次インティファーダに連帯する民衆運動が、彼らの一〇年間にわたる独裁政権への抵抗運動の底流としてあり、ついにムバラク政権転覆に至ったのだ。しかし、パレスチナの闘いがアラブの春を引き起こしたなどと言っているのではない。チュニジアの民衆は自分たちの理由でベン・アリを倒した。私が言いたいのは、一つの立派な闘いの例は、他国の邪まな権力者にとって脅威となるということだ。パレスチナ人の闘いが人間の尊厳と基本的人権のための不屈な闘いを具現化しているのだ。

インティファーダ（文字通りの意味は「邪魔なものを払い落とす」）の精神がチュニジアで蘇り、エジプトへ広がり、それが改めてパレスチナ革命の再活性化を刺激したと言える。今、私がこの文を書いている時点で、あなた方読者がこの本を読む頃にアラブの春がどうなっているかを、予言することはできない。（訳註4） けれども、二〇一一年五月の「ナクバの日」デモは、中東各地で発揮された民衆の力とその可能性の影響を受け、パレスチナ人の正義を求める闘いが自信と力と主体性を取り戻す徴候を見せた。

さて、私が書いた「想像力の解放」がパレスチナ／イスラエルの地で実現した場合、どんな形を取るだろう。アリ・アブニーマは自著『一国解決案』（訳註5）の中で、イスラエル人ダニエル・ガヴロンの『絶望の反対側』から次のような文言を引用している。「地中海からヨルダン川までの領土は共有すべきであって、うまく分割することは不可能である。」では残る「唯一の解決策」は？ 「イスラエル人とパレスチナ人が一つの国で共存することである。」（7）

パレスチナ／イスラエルを一つの「ユニット」として見るのは、過去七〇年間のシオニストの植民事業とアパルトヘイト支配体制の出現の結果生まれた、一つの認識以上のものである。それは、パレスチナ人とイスラエル・ユダヤ人の両方の権利を保障するような、未来の解決法の基礎となるべき認識である。両者が「完全な集団的・個人的平等」に基づいて共通のホームランドを共有する形で、民族自決の原則を「再定義」することを意味するものなのだ(8)。

パレスチナ市民が呼びかけ、世界の市民社会が支援しているBDS運動(イスラエルのボイコット、イスラエルからの脱投資、イスラエル制裁)は、注目すべき基本的で単純な三点を要求項目として挙げている。その三点とは、

◉パレスチナ人が一九六七年以降の占領地の軍事支配から解放される権利。
◉イスラエル内パレスチナ人が完全平等を得る権利。
◉パレスチナ難民が故郷へ帰り、被害に対する補償を受ける権利(9)。

この権利と平等の強調は、イスラエル人学者アムノン・ラズ゠クラコツキン(訳註6)の「二民族国家論(訳註7)」〔binationalism〕と同じように、「『解決案』の説明」というよりは、「パレスチナ人とユダヤ人の権利の相互是認に基づいて、民主化・脱植民地化へ向かう出発点あるいはその展望」を提供するものである(10)。

排他的民族・宗教国家の維持という至上命令がなくなれば、水利権問題やエルサレムの位置づけ問題など、紆余曲折の「和平プロセス」の障害物であったものが、共通のホームランドの肯定と両社会の権利を双方が認め合う好事の機会の窓へと変化する。こうした展望のもとでは、パレスチナ難民の声は「帰還できるのか」「帰還できるのならいつだ」という受け身の質問から、「どのような形で帰還するか、自分たちで決定しよう」という、能動的権利主張に変わる。(11)

イスラエル・ユダヤ人とパレスチナ人が平等な国民として国土を共有する未来を実現するまでの道程には、たくさんの問題が立ちはだかっているのは言うまでもない。現体制のままの方が金儲けできると思う人々もいるし、パレスチナ人と一緒に暮らすと考えただけで凍りついたようになる人々や、やる気をなくしてしまう人々もいるだろう。パレスチナ人の方も、これまでの受難の経験から、どんな僅かな成果でも厳しい闘いと犠牲なくしては勝ち取れないことを知っている。

しかし、選択肢は他にない。一九五六年に、「独眼の将軍」の異名を持つモシェ・ダヤン幕僚長がある葬式に参加したときに言った有名な言葉を記憶しているイスラエル人は多いはずだ。彼は参列者に向かって、ガザのパレスチナ難民たちは「自分や自分の親が住んでいた土地や村が、どんどんイスラエル国土になっていくのをずっと見続けてきたのだ」と言ったのだ。モシェの言葉ほど有名ではないが、彼の父親シュムエル・ダヤン議員は、一九五〇年に、次のように言った。「たぶん、〔難民帰還を許さないのは〕正しいことではないし、人倫に反することだろう。しかし我々が正しくて人倫に反しない行動をしたら、我々の未来はどうなるか分からなくなるだろう。[12]」

ダヤン親子の、罪をそれなりに意識しながら開き直っている態度に対する答えは、エドワード・サイード[訳註8]の言葉を借りると、「共存、共有、コミュニティは、排外主義、非妥協的態度、拒否主義に勝つに違いない」ということを理解する人々――パレスチナ人、イスラエル・ユダヤ人、そして種々の背景を持つ世界の人々――から生まれてくるだろう。[13]もう無駄にする時間はないのだ。

註

（1）Oren Yiftachel, "'Creeping Apartheid' in Israel-Palestine", *Middle East Report*, Winter 2009,

Number 253, pp. 7–15, 37.

(2) Ibid.

(3) Ben White, 'Netanyahu: Erasing the Green Line', *Al Jazeera*, 27 April 2011.

(4) Yehouda Shenhav, 'The Arabs of 1048: The Skelton in the "Peace Process" Closer', *Jadal*, Issue no. 10, June 2011.

(5) Ben White, 'The Iconography of Revolt', *New Left Project blog*, 13 February 2011, www.newleft-project.org/index.php/site/blog_Comments/the_iconography_of_revolt〔二〇一八年一月現在、閲覧不可〕

(6) Ameer Makhoul, 'The Rebellions of our Peoples Make us Stronger', *The Electric Intifada*, 17 June 2011.

(7) Daniel Gavron, *The Other Side of Despair: Jews and Arabs in the Promised Land*, Lanham, MD: Rowman and Litelfield, 2004, p 229, cited in Ali Abunimah, *One Country*, New York: Henry Holt, 2006, p. 172.

(8) Nadim N. Rouhana, 'The Colonial Condition: Is Partition Possible in Palestine?' *Jadal*, Issue no. 10, June 2011.

(9) http://bdsmovement.net

(10) Amnon Raz-Krakotzkin, 'Separation and Bi-nationalism', *Jadal*, Issue no. 10, June 2011.

(11) arena of speculation website, http://areanofspeculation.org/2011/05/18/planning-al-aw-da-re-imagining-israel-palestine

(12) Benny Morris, *Israel's* Border Wars, 1949–1956, Oxford: Oxford University Press, 1997, p. 177.

（13）Edward Said, *The Question of Palestine*, London: Vintage, 1992, p. 244.

（訳註1）一九六七年戦争後に作られた入植地。今や巨大なニュータウン、高級住宅地となり、ユダヤ・サマリア大学もある。

（訳註2）一九五二年生まれのイラク系ユダヤ人。テルアビブ大学社会学教授で、「ミズラヒ民主主義虹の連合」創始者の一人。

（訳註3）ここで意味されているのは、占領地の入植地作りが「和平プロセス」の二国解決案を不可能にし、必然的に一国解決案が生まれるということの認識であろう。実際、入植地作りに熱心なイスラエル右翼が、右翼版一国案を提案せざるを得なくなっている。

（訳註4）残念ながら、内部的・外部的要因（地域によって異なるが、一般的に言って、欧米軍介入への依存、旧勢力や地方部族実力者に利用されたり、イスラム過激派の介入などで、民衆蜂起がこれらの勢力にハイジャックされてしまった）で、アラブの春は、結果として事態を悪化させた。しかし、民衆は失敗から学び、もっと客観的状況を分析し、矛盾が続く限り、再び立ち上がるであろう。

（訳註5）Ali Abunimah, *One Country, A bold proposal to end the Israeli-Palestinian imasse*, Metropolita Books, 2006.（一国案――イスラエル・パレスチナ問題を終わらせるための大胆な提案）

（訳註6）ネゲヴのベン＝グリオン大学ユダヤ史学部教授。彼は二〇〇五年、ドイツにある「カンダラ」（橋）というネット・ポータルで「私はシオニズムの犠牲者に対して責任を感じている」と言った。

（訳註7）イスラエル建国前にあった思想で、現在も、ユダヤ純血主義国家の永遠存続は不可能

であるという理由や、あるいは倫理的理由から、二民族国家論を支持するイスラエル・ユダヤ人がいる。しかし、内容や形態は人によって様々。

（訳註8）一九三五―二〇〇三年。パレスチナ系米人知識人で、著書『オリエンタリズム』で知られる。ＰＬＯの一員で、民族評議会の議員であったが、オスロ合意に反対し、アラファト議長と決裂した（彼は「一国解決」論者であった）。

訳者あとがき

今年（二〇一七年）クネセトは、イスラエルはそこに住む国民の国というより世界のユダヤ人の民族国家で、ヘブライ語だけが公用語であるという趣旨の法律を通過させた。その他地名のヘブライ語化、教育や歴史の歪曲、聖書の利用など、イスラエルは人種的パラノイアに駆られている。元々の住民であり、イスラエル人口の二〇％を構成しているイスラエル内パレスチナ人は自分の郷土、自分の家に住む「居留外国人」という異常な存在となる。本書序文を書いたゾアビは、「私はこの地の先住民だ。私はイスラエルへ移住してきたのではない。私のところへ移住してきたのはイスラエルである」と言っている。

聖書利用について言えば、ここでいう聖書は『旧約聖書』。聖書はいわば多くの人々が時代を経て書き上げた文学作品の一種だが、それを歴史書として扱い、パレスチナは神がユダヤ民族に与えた約束の地、かつてパレスチナにはユダヤ人の王国があったとして、パレスチナへの入植・植民地主義を正当化した。聖書に記述されるジョシュアによるアマレク族皆殺しがパレスチナ人虐殺正当化に使われる。

イスラエルの左派歴史研究者イラン・パペによると、ユダヤ教徒の「パレスチナ帰還」と「ユダヤ国」を発想したのは、キリスト教徒だという。特に、宗教改革によって聖書が身近になり、プロテスタントは『旧約聖書』を歴史解釈の手引きとするようになり、それがユダヤ教徒差別と結びついて、ユダヤ人のパレスチナ帰還（つまり、キリスト教ヨーロッパからの追い出し）を主張するキリスト教シオニズムが生まれた。

現在異常なほどイスラエルを支持する米国のキリスト教原理主義福音派の「教え」は、ユダヤ人がパレスチナに帰還して栄えると、やがてキリスト再臨が起き、キリストの復活によってユダヤ人はキリスト教に改宗するか、改宗しない場合は皆殺しになり、どちらにしてもユダヤ人は絶滅する、というもの。ユダヤ教徒のパレスチナ帰還をキリスト再臨の序曲と言ったのはクロムウェルであった。

もっとも、宗教を植民地主義正当化に利用するのはキリスト教強国の常套手段で、例えば英国の植民地主義を、ノーベル賞受賞者キプリングが野蛮人を文明化する「白人の重荷」（whiteman's burden）と呼び、先住アメリカ人を虐殺する米国人白人はそれを「明白な使命」（manifest destiny）と呼んだ。しかし、聖書を歴史的記述として、他人が住んでいる土地を「わが故郷」とするのはシオニストだけである。

ネタニヤフ首相は、イスラエル内パレスチナ人からイスラエル国籍を剝奪し、将来の「パレスチナ国」の統治下へ置くという「和平」案を提案した。この「パレスチナ国」は、国連やカルテットやアラブ連盟が言っている「二国解決案」のパレスチナではなく、何か訳が分からないバンツースタンか、ヨルダン・オプションのようなもので、民族浄化のことである。「大イスラエル主義」を捨てたわけではない。

大雑把だが、現在のパレスチナ人の運動を大別すると、「国作り」運動と「人権解放運動」の二つになろう。前者は、オスロー合意を通じてPLOが、僅かな特権と引き換えに、本来の目標である「難民の帰還とシオニズムの支配からのパレスチナ人の解放」を放棄、不当に少ない領土をイスラエルから取り戻して「パレスチナ国」を作るという運動で、パレスチナ人の三分の二を占める難民の権利やイスラエルで第二級国民扱いされている一二〇万人の民族・文化権利を考慮していない。それに二一世紀社会で、「ユダヤ人だけの国」と「パレスチナ人だけの国」という発想は人種主義的アナクロニズムであろう。パレスチナの闘いは国家樹立のための闘いというより、人間解放の闘いである。そこがシオニズムと異なる点である。それに、現実問題として、イスラエルの既成事実化政策や入植地建設で、二国解決案が物理的に不可能であることは、多くの識者が指摘している。前者にとって民衆の占領への抵抗であるインティファーダは国家樹立外交の妨げになるので、今やPAがイスラエル占領軍と並ぶパレスチナ民衆抑圧機関となっている。

後者の解放運動は、インティファーダやBDSに象徴的に表れている草の根運動、国際連帯に基づく大衆運動だ。「解放」というのは、被抑圧者をなくすこと、被抑圧者をなくすということは、抑圧者を変革させることだ。抑圧者イスラエルの変革なくしてパレスチナ解放はあり得ない。その意味で、イスラエル内パレスチナ人の闘いとそれを支援する少数派イスラエル人左派の政治運動は重要である。

一般のイスラエル左派や「和平」派は「二国解決」派が多い。かつてユダヤ人シオニズムを支持したキリスト教・シオニズムの動機に反ユダヤ主義があったのと同じように、私はイスラエル左派やリベラルの二国解決支持にパレスチナ人を追い出したいという隔離主義的な差別を感じ取る。どうも西洋中心的偽善が感じられるのだ。それは民主主義、人種統合・共存、平等、連帯という普遍的原則に反するものであろう。

今ではもうあまり知られていないが、カルテットの中心として、口先では二国解決案を掲げてきた米国（もっともトランプ大統領になってから、大イスラエル主義的一国案が見え隠れするようになったが）が、一九四七年の国連パレスチナ分割決議の前には、アングロ＝アメリカ委員会の名前で、「イスラム教徒、ユダヤ教徒、キリスト教徒の平等な権利を保障する一国案」を提案していたのである。イラン・パペ著*Ten Myths About Israel*（イスラエルの十神話）（Verso, 2017）は、「二国解決案」を第十の神話として批判している。パペは、*One Country – A bold Proposal to End the Israeli– Palestinian Impasse*（一国解決案）（Metropolitan Books; Henry Holt and Company, LLC, New York, 2006）の著者であるパレスチナ系米国人アリ・アブニーマ等とともに、二〇〇七年に「一国解決宣言」を出している。

BDS運動推進者の一人、ガザのアル・アクサ大学のハイダル・エイド博士は「BDS運動が要求するパレスチナ人の権利は一国解決によってのみ実現できる。これは、被抑圧者・植民地犠牲者が植民地主義入植者を平等な権利を持つ国民として受け入れ、共に民主主義国家作りをしようという寛大な提案、南アフリカで先住民が白人入植者を受け容れたのと同じ寛大な妥協だ。何といっても今は二十一世紀だ。旧式の民族・宗教アイデンティティを基礎にする国作りでなく、全人類的で包括的な解決法、人種、宗教、ジェンダー等々の違いにかかわらず、住民すべてのための世俗国家になるような民族自決権を支持して欲しい」と語っている。（「パレスチナ難民帰還権を支持するユダヤ人の会」のインタビュー、

AIC、二〇一三・一二・三）

この一国解決案は、前述したように、イスラエルの民主主義的変革を必要とする。パレスチナ問題の解決はイスラエルの変革なくしては解決できない所以であり、パレスチナ問題とは、イスラエル問題であり、さらに言えば、シオニズムを生んだヨーロッパの問題である。

イスラエルの民主化闘争とパレスチナ解放闘争がいっしょにならなければならない。残念ながらそれを認識しているイスラエル人左派はまだ数少ないが、最近、主として世界のユダヤ人から、その認識の声が聞こえ始めている。

今年二〇一七年はイスラエルの占領五十周年にあたるとして、多くのパレスチナ支援活動家や知識人が、いろいろ発言している。しかし、一九六七年の六月戦争を基点として占領に軸足を置いてパレスチナ・イスラエル問題を捉えると、大きな誤謬に辿り着くことになる。その意味では一九四八年のナクバを起点とする見方も問題だ。少なくとも一八八二年の最初のシオニストのパレスチナ上陸か、それを産み出したヨーロッパの、反ユダヤ主義を裏面に持つキリスト教シオニズムまで遡って考えないと、事の本質がみえない。これを考えると、パレスチナ問題はイスラエル問題であり、さらにヨーロッパ問題であることが見えてくる。逆にいうと、イスラエルとヨーロッパの変革なくしてパレスチナ問題の解決はないといえる。

すべての紛争には歴史があり、その歴史を歪めたり隠蔽しないで、歴史的事実に基づいて新しい地平を開くしか、紛争解決の道は見出されない。

いわゆる「ミズラヒ」とか「セファルディィ」と呼ばれるアラブ系ユダヤ人知識人エラ・ショハトは「イスラエルの第三世界性」について書いている。人口統計的に見て、パレスチナ系イスラエル人が二〇%、アラブ・アフリカ系ユダヤ人が五〇%で、計七〇%が「第三世界イスラエル人」によって占められていることを指摘し、そこに変革の可能性を見ている。ミズラヒはシオニストの主流だった労働シオニストから差別されてきた結果、極右宗教政党の票田となっているが、かつてはイスラエル・ブラック・パンサーを組織、PLOと最初に交流したユダヤ人団体でもある。この七〇%は、潜在的に、ヨーロッパ系シオニスト支配のイスラエル国にとって脅威である。

こういう客観的基盤を運動側が意識して活用し始めると、イスラエルの民主主義的変革、そしてパレスチナ解放も夢ではない。日本や世界の国際的パレスチナ支援運動も被害者への人道的支援を越えて、よりよき未来を創造するというビジョンを開発する連帯運動に転化するとき、自社会の課題とパレスチナ・イスラエル問題とがつながる普遍性が見えてくるのではなかろうか。それこそが本来の連帯である。そういう観点から、イスラエル内パレスチナ人の運動が重要視されているのである。

なお、訳文校正にあたって、法政大学出版局の高橋浩貴氏に大いに助けられたことを記し、感謝の意を表したい。もちろん、訳文、訳註に関する責任はすべて訳者脇浜にあることは言うまでもない。

二〇一七年十二月　脇浜義明

索　引

カ行

サ行

タ行

ナ行

ハ行

マ行

ヤ行

ラ行

ワ行

A-Z

参考文献

Abu Hussein, Hussein and Fiona McKay (2003) *Access Denied* (London: Zed Books).

Abu-Rabia, Safa (2010) 'Memory, Belonging and Resistance: The Struggle Over Place.

Among the Bedouin-Arabs of the Naqab/Negev', in Fenster, Tovi and Yacobi, Haim (eds) *Remembering, Forgetting and City Builders* (Farnham: Ashgate) pp. 65–84.

Abu-Ras, Thabet (2006) 'Land Disputes in Israel: The Case of the Bedouin of the Naqab' (Adalah).

Abu-Saad, Ismael (2004) 'Education as a Tool of Expulsion from the Unrecognized Villages' (Adalah).

Abunimah, Ali (2006) *One Country* (New York: Henry Holt).

Adalah (2003) UN CESCR Information Sheet No. 3: Land and Housing Rights - Palestinian Citizens of Israel.

——— (2009) 'Prohibited Protest: Law Enforcement Authorities Restrict the Freedom of Expression of Protestors against the Military Offensive in Gaza'.

——— (2010) 'On the Israeli Government's New Decision Classifying Communities as National Priority Areas'.

——— (2010a) 'New Discriminatory Laws and Bills in Israel'.

——— (2011) 'The Inequality Report: The Palestinian Arab Minority in Israel'

Amnesty International (2001) 'Racism and the Administration of Justice'.

Arab Association for Human Rights (2005) 'On the Margins'.

——— (2005) 'One Gunman, Many to Blame'.

——— (2006) 'On the Margins'.

Arab Center for Alternative Planning (2007) 'Annual Narrative Report'.

Aruri, Naseer (ed.) (2001) *Palestinian Refugees: The Right of Return* (London: Pluto Press).
Baruch, Nili (2004) 'Spatial Inequality in the Allocation of Municipal Resources', *Adalah's Newsletter*, vol. 8, December 2004.
Ben-Rafael, Eliezer and Peres, Yochanan Peres (2005) *Is Israel One? Religion, Nationalism, and Multiculturalism Confounded* (Leiden: Brill).
Benvenisti, Meron (2002) *Sacred Landscape* (Berkeley: University of California Press).
Bisharat, George (1994) 'Land, Law, and Legitimacy in Israel and the Occupied Territories', *The American University Law Review*, vol. 43: 467.
Cohen, Erik (1989) 'Citizenship, Nationality and Religion in Israel and Thailand', in Kimmerling, Baruch (ed.), *The Israeli State and Society: Boundaries and Frontieres* (Albany, NY: State University of New York Press) pp. 66–92.
Cohen, Hillel (2010) *Good Arabs* (Berkeley: University of California Press).
Cook, Jonathan (2006) *Blood and Religion* (London: Pluto Press).
——— (2008) *Disappearing Palestine: Israel's experiments in human despair* (London: Zed Books).
Davis, Uri (1990) *Israel: An Apartheid State* (London: Zed Books).
——— (2003) *Apartheid Israel* (London: Zed Books).
Dirasat (2008) 'Socio-Economic Fact Sheet'.
Forman, Geremy (2007) 'Reapproaching the borders of Nazareth (1948–1956), in Sufian, Sandra Marlene and LeVine, Mark (eds), *Reapproaching borders: new perspectives on the study of Israel-Palestine* (Lanham, MD: Rowman & Littlefield) pp. 67–94.
Gavison, Ruth (2003) 'The Jews' Right to Statehood: A Defense', *Azure*, Summer 5763/2003, no. 15.
Hamdan, Hana (2005) 'The Policy of Settlement and "Spatial Judaization" in the Naqab', (Adalah).
——— (2005a) 'Individual Settlement in the Naqab: The Exclusion of the Arab Minority', (Adalah).
Hertzberg, Arthur (ed.) (1997) *The Zionist Idea* (Philadelphia: The Jewish

Publication Society).
Holzman-Gazit, Yifat (2007) *Land expropriation in Israel: Law, Culture and Society* (Aldershot: Ashgate).
Human Rights Watch (2001) 'Second Class: Discrimination Against Palestinian Arab Children in Israel's Schools'.
——— (2008) 'Off the Map'.
Jabareen, Rafiq Yosef (2009) 'The Geo-Political and Spatial Implications of the New Israel Land Administration Law on the Palestinians', *Adalah's Newsletter*, vol. 62, July 2009.
Jiryis, Sabri (1976) *The Arabs in Israel* (New York: Monthly Review Press).
Kanaaneh, Rhoda Ann (2002) *Birthing the Nation: Strategies of Palestinian Women in Israel* (Berkeley: University of California Press).
Kedar, Alexandre (2001) 'The Legal Transformation of Ethnic Geography: Israeli Law and the Palestinian Landholder 1948-1967', *International Law and Politics*, vol. 33: 923.
Kedar, Alexandre and Yiftachel, Oren (2006) 'Land Regime and Social Relations in Israel', in de Soto, Hernando and Cheneval, Francis (eds), *Swiss Human Rights Book*, vol. 1 (Zurich: Rüffer & Rub).
Kimmerling, Baruch (1989) 'Boundaries and Frontiers of the Israeli Control System: Analytical Conclusions', in Kimmerling, Baruch (ed.), *The Israeli State and Society: Boundaries and Frontieres* (Albany, NY: State University of New York Press) pp. 265-284.
King-Irani, Laurie (2007) 'A Nixed, not Mixed, City: Mapping Obstacles to Democracy in the Nazareth/Natzerat Illit Conurbation', in Daniel Monterescu and Dan Rabinowitz (eds), *Mixed Towns, Trapped Communities: Historical Narratives, Spatial Dynamics, Gender Relations and Cultural Encounters in Palestinian-Israeli Towns* (Aldershot: Ashgate) pp. 179-200.
Kissak, Moshe (ed.) (1984) *Israeli Society and its Defense Establishment: The Social and Political Impact of a Protracted Violent Conflict* (London: Frank Cass).
Korn, Alina (1995) 'Crime and Law Enforcement in the Israeli Arab Population under the Military Government, 1948-1966', in Troen, Ilan S.

and Lucas, Noah (eds), *Israel: The First Decade of Independence* (Albany, NY: State University of New York Press) pp. 659-679.

Kretzmer, David (1990) *The Legal Status of the Arabs in Israel* (Boulder, CO: Westview Press).

Lustick, Ian (1980) *Arabs in the Jewish State* (Austin, TX: University of Texas Press).

Mada al-Carmel (2011) 'Rethinking Partition of Palestine', *Jadal Issue*, no. 10, June 2011.

Marx, Emanuel (1967) *Bedouin of the Negev* (Manchester: Manchester University Press).

Masalha, Nur (ed.) (2005) *Catastrophe Remembered: Palestine, Israel and the Internal Refugees* (London: Zed Books).

Morris, Benny (1993) *Israel's Border Wars, 1949-1956: Arab Infiltration, Israeli Retaliation, and the Countdown to the Suez War* (Oxford: Oxford University Press).

Nathan, Susan (2005) *The Other Side of Israel* (London: HarperCollins).

Pappe, Ilan (1995) 'An Uneasy Coexistence: Arabs and Jews in the First Decade of Statehood', in Troen, Ilan S. and Lucas, Noah (eds), *Israel: The First Decade of Independence* (Albany, NY: State University of New York Press) pp. 617-658.

——— (2011) *The Forgotten Palestinians: A History of the Palestinians in Israel* (New Haven, CT: Yale University Press).

Peretz, Don (1958) *Israel and the Palestine Arabs* (Washington DC: The Middle East Institute).

Quigley, John (1990) *Palestine and Israel: A Challenge to Justice* (Durham: Duke University Press).

Rabinowitz, Dan (1998) 'The Frontiers of Urban Mix: Palestinians, Israelis, and Settlement Space', in Oren Yiftachel and Avinoam Meir (eds), *Ethnic Frontiers and Peripheries: Landscapes of Development and Inequality in Israel* (Boulder, CO: Westview Press) pp. 69-85.

——— (1997) *Overlooking Nazareth: The ethnography of exclusion in Galilee* (Cambridge: Cambridge University Press).

Rabinowitz, Dan and Abu-Baker, Khawla (2005) *Coffins on Our Shoulders:*

The Experience of the Palestinian Citizens of Israel (Berkeley: University of California Press).
Rangwala, Tawfiq, S. (2004) 'Inadequate Housing, Israel, and the Bedouin of the Negev', *Osgoode Hall Law Journal*, vol. 42, no. 3.
Rempel, Terry (ed.) (2009) *Rights in Principle - Rights in Practice: Revisiting the Role of International Law in Crafting Durable Solutions for Palestinian Refugees* (Bethlehem, Palestine: Badil Resouce Center).
Rosen-Zvi, Issachar (2004) *Taking Space Seriously: Law, Space, and Society in Contemporary Israel* (Aldershot: Ashgate).
Rouhana, Nadim N. and Sultany, Nimer (2003) 'Redrawing the Boundaries of Citizenship: Israel's New Hegemony', *Journal of Palestine Studies*, vol. 33, no. 1.
Roy, Ananya and AlSayyad, Nezar (2003) *Urban Informality: Transnational Perspectives from the Middle East, Latin America, and South Asia* (Lanham, MD: Lexington).
Sa'di, Ahmad H. and Abu-Lughod, Lila (eds) (2007) *Nakba: Palestine, 1948, and the Claims of Memory* (New York: Columbia University Press).
Segev, Tom (1998) *1949: The First Israelis* (New York: Henry Holt).
Shafir, Gershon and Peled, Yoav (2002) *Being Israeli: The Dynamics of Multiple Citizenship* (Cambridge: Cambridge Univeristy Press).
Sikkuy (2005) 'Development of the Negev and Galilee, Policy Paper'.
——— (2009) 'The Equality Index of Jewish and Arab Citizens in Israel'.
——— (2010) 'From Barriers to Opportunities: Mapping the Barriers and Policy Recommendations for Achieving Equality Between the Arab and Jewish Citizens of Israel'.
Shoshan, Malkit (2010) *Atlas of the Conflict: Israel-Palestine* (Rotterdam: 010 Publishers).
Swirski, Shlomo (2007) *Current Plans for Developing the Negev: A Critical Perspective* (Adva Center).
Tal, Alon (2002) *Pollution in a Promised Land: An Environmental History of Israel* (Berkeley: University of California Press).

Tarazi, Monica (2009) 'Planning Apartheid in the Naqab', *Middle East Report*, Winter 2009, Number 253.

Tekiner, Roselle, Abed-Rabbo, Samir and Mezvinsky, Norton (eds) (1988), *Anti-Zionism: Analytical Reflections* (Brattleboro, VT: Amana Books).

'The Herzliya Conference on the balance of national strength and security in Israel' (2001) *Journal of Palestine Studies*, XXXI, no. 1, pp. 50-61.

Tilley, Virginia (2005) *The One-State Solution* (Michigan: University of Michigan Press).

Wesley, David A. (2009) *State Practices & Zionist Images: Shaping Economic Development in Arab Towns in Israel* (Oxford: Berghahn Books).

White, Ben (2009) *Israeli Apartheid: A Beginner's Guide* (London: Pluto Press).

——— (2010) *Palestinians in Israel's 'democracy': The Judaization of the Galilee* (London: Middle East Monitor).

Yacobi, Haim (2007) 'Planning, Control and Spatial Protest: The Case of the Jewish-Arab Town of Lydd/Lod', in Daniel Monterescu and Dan Rabinowitz (eds), *Mixed Towns, Trapped Communities: Historical Narratives, Spatial Dynamics, Gender Relations and Cultural Encounters in Palestinian- Israeli Towns* (Aldershot: Ashgate) pp. 135-155.

Yiftachel, Oren (1998) 'The Internal Frontier: Territorial Control and Ethnic Relations in Israel', in Oren Yiftachel and Avinoam Meir (eds), *Ethnic Frontiers and Peripheries: Landscapes of Development and Inequality in Israel* (Boulder, CO: Westview Press) pp. 39-67.

——— (2006) *Ethnocracy: Land and Identity Politics in Israel/Palestine* (Philadelphia: University of Pennsylvania Press).

——— (2009) '"Creeping Apartheid" in Israel-Palestine', *Middle East Report*, Winter 2009, Number 253.

Zaher, Sawsan (2010) *The Prohibition on Teaching the Nakba in the Arab Education System in Israel* (Adalah).

Zureik, Elia (1979) *The Palestinians in Israel: A Study in Internal Colonialism* (London: Routledge and Kegan Paul).

Zureik, Elia, Lyon, David and Abu-Laban, Yasmeen (eds) (2010) *Sur-*

veillance and Control in Israel/Palestine: Population, Territory and Power (London: Routledge).

付録　イスラエル内パレスチナ人に関する十の事実

1 1948年以降700以上のユダヤ人コミュニティがイスラエルに建設された（占領地の入植地は除く）が、パレスチナ系国民のために建設された居住地はネゲヴ砂漠の7町だけ。それも、元の村落から追放されたベドウィン族を収容するために建設されたにすぎない。

2 土地所有や農村セツルメントなどに関する大幅な権限が、構造的にユダヤ人特権化を任務とする諸団体に与えられている。

3 「不在者財産取得法」によって没収されたパレスチナ難民の土地は、1967年以前のイスラエル領の約20%。

4 大まかに言って、パレスチナ系国民の4人に1人が「存在する不在者」（即ち国内追放された人々）で、彼らの土地と財産は国家に没収された。

5 推定9万人のパレスチナ系国民が数十の「非公認村」で暮らしている。彼らは基本的公的サービスを受けられず、絶えず家屋解体の危機に直面している。

6 イスラエルの町の70%に受け入れ委員会があり、在住許可権を持っている。当該コミュニティの「社会構造や性格」に「相応しくない」と見なされる者を排除している。

7 パレスチナ系国民はイスラエル人口の20%を構成しているのに、彼らへの地域開発予算は4%にすぎない。

8 ユダヤ系国民生徒に対する教育省が分配する教育予算額はパレスチナ系国民生徒に対するそれの5倍以上である。

9 国会議員や閣僚などの公的人物は日常的に、しかも公の場で、レイシズム発言を繰り返しているのに、何ら罪に問われない。

10 国内向け諜報機関シン・ベトは、国家の「ユダヤ的性格」に関して平和的・合法的に異議申し立て活動をするパレスチナ系国民を、公然と弾圧している。

サピエンティア　51
イスラエル内パレスチナ人
隔離・差別・民主主義

2018年2月23日　初版第1刷発行

著　者　ベン・ホワイト
訳　者　脇浜義明
発行所　一般財団法人　法政大学出版局
〒102-0071 東京都千代田区富士見2-17-1
電話03(5214)5540　振替00160-6-95814
組版：HUP　印刷：平文社　製本：積信堂
装幀：奥定泰之

Printed in Japan
ISBN978-4-588-60351-8

著　者

ベン・ホワイト（Ben White）
フリーランス・ジャーナリスト。『ガーディアン』『インデペンデント』『ニュー・ステーツマン』『アル・ジャジーラ』『インティファーダ』等に寄稿。著書に *Israeli Apartheid: A Beginner's Guide*（2009）、*The 2014 Gaza War: 21 Questions & Answers*（2016）がある。

訳　者

脇浜義明（わきはま・よしあき）
1941年生まれ。1973年、神戸大学大学院文学研究科修士課程修了。著書に、『ボクシングに賭ける』（1996年、岩波書店）、『教育困難校の可能性』（1999年、岩波書店）、編訳書に、『アメリカの差別問題』（1995年、明石書店）、訳書に、マン『GM帝国への挑戦』（1993年、第三書館）、セゲフ『エルヴィス・イン・エルサレム』（2004年、ミネルヴァ書房）、同『七番目の百万人』（2013年、ミネルヴァ書房）、キマーリング『ポリティサイド』（2004年、柘植書房新社）、ワイズ『アメリカ人種問題のジレンマ』（2011年、明石書店）、ワルシャウスキー『国境にて』（2014年、柘植書房新社）がある。